A Spiritual Biography of Marpa, the Translator

噶舉三祖師

馬爾巴傳

三赴印度求取法教
建立西藏噶舉傳承的大譯師

堪千創古仁波切｜著　　普賢法譯小組｜中譯

願此無上無比之教法，

諸佛勝眾珍貴之寶藏，

傳揚廣弘遍及全世界，

猶如大日天空中照耀。

黃金珠鬘法集

收錄堪千創古仁波切
關於噶舉傳承偉大上師眾
之口授教示。

受到大寶法王噶瑪巴的啟發、
堪千創古仁波切的加持、
尊貴噶瑪雪竹喇嘛的指導，
於是轉載印行。

謹以此系列書籍迴向予
三位上師的長壽與昌榮順遂。

原英文版致謝

謹在此感謝所有協助本書發行問世的法友們。首先，要謝謝肯（Ken）和凱地亞．荷姆斯（Katia Holmes）所做的翻譯。其次，要謝謝瑪格麗特．紐曼（Margaret Neuman）所做的錄音繕寫，以及尙．強森（Jean Johnson）幫忙編輯文稿。此外，要謝謝岡波寺（Gampo Abbey）的米古美尼師（Ani Migume）為第二次傳記的開示做繕寫，以及耶喜．蔣措喇嘛（Lama Yeshe Gyamtso）當時的翻譯。

目次

原英文版致謝 5
前言 8
堪千創古仁波切簡介 10
序言 13
1 馬爾巴的生平 17
2 馬爾巴拜會梅紀巴 45
3 十二口訣頌 57
4 馬爾巴回到西藏 79
5 馬爾巴在西藏建立教法 93

6 馬爾巴三度赴印 111
7 馬爾巴在西藏 137
8 馬爾巴痛失愛子 143
9 馬爾巴以神通傳法 161
10 馬爾巴示現涅槃 169
辭彙說明 176
引用書目 228
禪修中心資訊 230
為吉祥上師、學者、成就者創古仁波切所寫之長壽祈請文 231

前言

「黃金珠鬘系列」包含了吉祥噶舉傳承的修行傳記和教法。「黃金珠鬘」一詞是指開悟上師眾的這個傳承，他們將怙主佛陀的深奧大手印教法無間斷地傳延至今。這些教法之所以深奧，是因爲包含了能令一個人在一生之中就獲得證悟的教示和修行。

在噶舉傳承的宏大加持中，也包括傳承上師眾所示現的種種不同生活方式，他們的生平顯示了，無論我們所處的環境或生活方式是如何，我們都能修持這些教法並終究獲得證悟。例如：帝洛巴是在從事碾芝麻的卑下僕役工作時獲得證悟的；其他如馬爾巴等人，是有家室的商人；馬爾巴的弟子密勒日巴則是苦行者，一生都在與世隔絕的洞穴中修行；而他的弟子之一岡波巴，卻是個出家人。然而，他們全都有一個共同點，那就是：都是藉由大手印的修持而獲致證悟。這在在顯示著，金剛乘法門具有廣大豐富的多樣性和大威力，能夠透過一切境況轉化自心。同此，如果我們以大精進努力修持大手印，我們就能夠即生證果。

因此，閱讀這些噶舉傳承上師的修行傳記，是對於入道者的一大激勵，而且在遇到艱困的情況時，對於持續前進也提供了鼓勵和啓發。特別是，能夠從堪千創古仁波切處獲得這些教學，更具有莫大的加持。他是一位大智大悲的上師，由於他直接證得了大手印，且是這個傳承的持有人，因此所傳授的不只是言詞，還包含了其中的義理。

所以我鼓勵所有學生能閱讀這些修行傳記，並且祈祝它能激勵你實現傳承上師眾的所有心願。願此功德能令偉大上師眾的壽命和教法興盛宏揚，並且住世多劫以利益無量有情眾生。

噶瑪・雪竹・噶通喇嘛

和樂法叢信託（Zhyisil Chokyi Ghatsal Trust）

寫於紐西蘭奧克蘭市

堪千創古仁波切簡介

創古仁波切的轉世源流始於十五世紀，在第七世噶瑪巴確札・嘉措造訪西藏的創古地區時。那時法王噶瑪巴建立了創古寺，並且將謝惹・嘉稱陞座爲第一世的創古仁波切，認證他爲蓮師二十五位大成就者弟子中，秀伍・巴機・聖紀的再來化身。

堪千創古仁波切是這傳承的第九任轉世，一九三三年出生於西藏的康區。在他四歲的時候，十六世大寶法王嘉華噶瑪巴和八蚌司徒仁波切透過預示其父母的名字和出生地點，認證了他就是創古祖古的轉世。

他進入了創古寺，在七歲至十六歲的期間，學習閱讀、寫字、文法、詩詞、天文，背誦儀軌法本，並且圓滿兩次前行的閉關。十六歲時，在羅卓・若瑟堪布的指導下，開始研習三乘佛法，同時住於閉關之中。

二十三歲時，他從噶瑪巴處領受具足戒。二十七歲，當共產黨入侵時，仁波切離開西藏，前往印度。受到召喚，他來到錫金的隆德，那是噶瑪巴在流亡期間的法座所在地。三十五歲時，於印度孟加拉（Bengal）巴克薩達爾（Buxador）的難民區寺院中，他在一千五百位僧人面前，透過格西考試，獲頒拉然巴格西學位。返回隆德後，他被任命爲隆德寺和其所屬那爛陀高等佛學院的住持。他是噶瑪噶舉四大主要祖古的親教師，這四位分別是：夏瑪仁波切、大司徒仁波切（舊譯：錫度或泰錫度仁波切，今由十七世大寶法王欽定為司徒或大司徒仁波切）、蔣貢·康楚仁波切、嘉察仁波切。

創古仁波切經常前往歐洲、遠東、美國各地，他同時是〔加拿大〕諾瓦思科省（Nova Scotia）岡波寺（Gampo Abbey）和英國牛津創古會（Thrangu House）的住持。一九八四年，他有數個月的時間在西藏，爲超過一百位僧尼剃度，並且造訪數個寺廟。他還創立了位於〔尼泊爾〕博達納地區的創古·札西·叢林寺和在加德滿都山谷東邊南無布達的一個閉關中心和佛學院，另外在博達納成立一所爲在家兒童和年幼學僧提供一般教育的學校。他也建立了加德滿都的創古度母寺。一九九九年十月，他爲鹿野苑的佛學院開光，這所學院將納入來自不同佛教傳統的學生，同時也開放給西方的弟子們。

創古仁波切是一位公認的大手印禪修大師，曾經傳法超過二十五個國家。他能夠把複雜的教法用西方弟子容易理解的方式傳授，因此而特別聞名。

近年來，由於仁波切佛法知識廣博，而被尊者達賴喇嘛指派爲第十七世大寶法王噶瑪巴鄔金・欽列・多傑的總經教師。

序言

本書爲噶舉傳承偉大上師生平系列的一部分。此一藏傳佛法的傳承，係由約一千年前出生的帝洛巴所建立。帝洛巴是位具有極大成就的上師，他將密續教法傳給那洛巴，而這一切都發生在西元十一世紀的印度。在那洛巴有生之年，從神祕的西藏國度來了一位勇敢的馬爾巴，他領受了這些教法並在西藏廣傳。這對教法而言確實是有幸的，因爲在接下來的兩個世紀中，印度次大陸的佛法幾乎被消滅殆盡。

馬爾巴所領受並給予弟子的教法，毫無錯謬地傳到尊貴的創古仁波切身上。創古仁波切是公認的卓越導師。藉由他對這些教法的實修，仁波切在宣講馬爾巴的教法時，其所傳達的不僅是文字，還包括內涵。

創古仁波切多次遍遊世界，至今已造訪了東、西方超過三十個國家。在這些旅途中，他的教導幾乎十年間未曾中斷，通常在一個中心逗留不超過兩週。他於永不停息的教導中，一次又一次地強調，一開始修行時，必須以全然開放的心態研讀教法，以開展正見。他不只強調要開展正見，也鼓勵所有學生尋找具格的上師，並實修佛法。這不是一條容易的道路，學生可能會遇到令人沮喪的時刻，覺得不想再作任何修行。創古仁波切建議，此時應該閱讀偉大佛教上師們的修持傳記，以便獲得繼續修行的勇氣。

有鑑於此，南無布達與和樂法叢出版社深感慶幸得以提供這一份馬爾巴的修道傳記。

創古仁波切其實是在兩個不同的場合給予這份關於馬爾巴生平的教導。其一是於一九八〇年代在桑耶林（Samye Ling），由肯與凱地亞．荷姆斯所翻譯。另一次則於一九九二年在加拿大哈利法克斯（Halifax）講授，由耶喜．蔣措喇嘛所翻譯。由於仁波切分別強調了馬爾巴生平的不同面向，因此這本書便結合這兩次的開示而和讀者見面。

克拉克．強森博士

馬爾巴

堪千創古仁波切的書法

1
馬爾巴的生平

馬爾巴、密勒日巴與岡波巴，是噶舉傳承的三位西藏祖師。由於馬爾巴（西元一〇一二年至一〇九七年）實際將教法從印度帶到西藏，因此成為了西藏噶舉傳承的建立者。馬爾巴具有非凡的勇氣與決心，在前往印度求取佛法之時，未曾考慮到這趟旅程的風險與困難。他這麼做，並非為了求取財富、名望或是得到快樂；他這麼做，是為了要在西藏建立清淨的教法。

佛法傳入西藏有前、後兩大波：在所謂的「前譯期」或「前弘期」（藏文 tan pa nga dar）①，當時有幾位大護法護持這些翻譯事業；後面一波的「後譯期」或「後弘期」（藏文 tan pa phyi dar），則沒有任何的贊助者。馬爾巴處於第二波的時期，必須完全依靠自己的發心與決心才能將教法帶入西藏，並透過他的努力，教法終究得以在西藏落地生根，並促成許多人依教法修持而獲得證悟。

本書的主題是闡述大譯師馬爾巴的生平。了解馬爾巴的生平是非常重要的，因為他是噶舉傳承中一個特殊的例子。藏·紐恩·嘿嚕嘎（Tsang Nyön

Heruka）所著的《大譯師馬爾巴傳》（***The Life of Marpa the Translator***）一書中，完整地記載了馬爾巴的生平②。

本書則是另一種不同類型的傳記，其根據爲馬爾巴生平的另一版本：《大譯師馬爾巴傳：見即成就一切》（*The Life of Marpa the Translator: Seeing Accomplishes All*）③。

此處我想略作說明。

在西藏，這類傳記被稱爲「南塔」，字面上的意思是「完全解脫」。傳記被稱爲「南塔」的原因在於，它描述了上師在修道初期所遭遇的困難與障

編按：註號○為英譯註；●為中譯註。

①本書的藏文是以發音標示，而非以拼寫表示。

②藏・紐恩・嘿嚕嘎所著的《大譯師馬爾巴傳》（*The Life of Marpa the Translator*）係由那爛陀翻譯學會（Nalanda Translation Committe）翻譯，西元一九八六年由波士頓（Boston）的香巴拉出版社（Shambhala Publications）發行。

③《大譯師馬爾巴傳：見即成就一切》（*The Life of Marpa the Translator : Seeing Accomplishes All*，藏文 *ra byur mar pa lo tsa namtar tong ba don yod*）。

礙，以及如何透過修持佛法與依止師長進而克服障礙。這些宗教性的傳記，描述著上師如何得到全然解脫、如法行持，以及透過其法教而廣大利益他人。之所以撰寫這些傳記，並非僅僅為了宣揚傳承上師的名聲，而是在於描述這些導師一開始的處境遭遇，以及他們如何在種種限制中修行，而還能獲得證悟。南塔的特殊功能是作為「修道」傳記，藉由傳記的內涵，呈現出這些修行人如何處理面對其特定的情況，進而鼓勵我們。

舉例而言，馬爾巴並未成為像舍利弗④一樣的出家人。另外，他的個性還相當易怒且自恃頗高，年輕時曾是個極端自私的人；然而同時，他也具有極大的勇氣，想讓自己達到證悟並幫助他人。他絕頂聰明，同時非常精進，對佛法有著強烈的信念與信心，且具足虔誠；對於其他眾生，也能開展眞正的愛與慈悲。

馬爾巴所經歷的修煉過程，將他那些傲慢等等的缺點，轉化為諸如勇氣而能夠利益他人的良善特質；透過這樣的歷程，而得以開展功德，因此到了修煉的終點，這些功德實際成為他對圓滿的覺受與了悟。他成了一位無上的成就者（siddha，亦即證悟者）。於整個不間斷的噶舉傳承中，馬爾巴的典範與教法在我們至今仍作修持的非凡教授中，依然持續在延伸。

馬爾巴所開展的不凡慈悲，並非是愚蠢或偏私的慈悲，那是一種具有智慧的慈悲，意思是不受情感左右或心量所限制；他的慈悲不只針對家人或鄰居，而是擴展到未來所有修行金剛乘的人，為了讓未來世代的人能夠修行，他歷經艱苦。明確地說，他曾三次前往印度領受教法，並將它們帶回（西藏），以便人們能在將來修持這些教法。

馬爾巴祈願文

偉大的馬爾巴上師，其生平如欽哲仁波切所著的祈願文《成就一切之

④舍利弗（Shariputra）是佛陀主要的阿羅漢（arhat）弟子之一。

歌》（*The All-Accomplishing Melody*）所示，可濃縮為三個階段。這篇祈願文，是以三個偈頌來描述馬爾巴的生平。

第一偈說：

以大決心大勇氣，他前往聖地多次。

聖地指的是印度。馬爾巴憑藉廣大的決心與勇氣、甚深的虔誠，以及對（現在與未來）所有弟子的不可思議慈悲，克服了三次印度之行的艱難與困苦。第一偈著重於述說這些功德。

第二偈告訴我們：

以大慧力他得見，一切事物本自性。

這個偈頌談的是馬爾巴極為睿智的功德。它表明智慧力乃承襲第一偈之勇氣、虔誠與慈悲而來，並隨之生起了洞見。這是由於馬爾巴能清晰了知佛陀的教法，特別是金剛乘的教法，進而能將甚深密續之精要帶回西藏。在密續之中，他特別關注的就是要將最高層次的密續——無上瑜伽，帶回西藏。他了悟這些密續的義理，並完整地消化吸收。他在理解之餘，更是時時刻刻地加以應用，因而全然得嘗教法之味。由於這些教法成為他持續而直接的經驗來源，因此說他透過大智慧力，得以看見現象的眞實自性⑤。

⑤佛教徒所信仰的實相，不同於一般世俗的見解。一般而言，我們相信樹木、岩石、人們等外在事物是堅實、持久不變且真實的。然而，佛教徒相信，外在顯相實際上是空的，具有如幻的自性。舉例而言，如果我們和所有朋友一起注視某一張椅子，我們都會認為它是堅實、木造、棕色的。然而，物理學家會告訴我們，事實上，椅子有百分之九十九點九九的空間皆為原子；這些原子無法被定位於特定空間，而是以不可思議的速度移動，隨時向外飛出。不僅如此，木頭實際上也是由碳、氫、氧原子所構成；而棕色只是人（非動物）眼所視之為「棕色」的輻射波長。創古仁波切舉密勒日巴為例。密勒日巴真正了悟外境的真實空性，因而能夠示現例如把手穿過岩石之類的事情。

第三偈提到：

以大了悟他顯現，種種不同之神通。

顯現神通的意思是什麼？神通分爲：身體上、言語上、心意上。身體上的神通能使不具信心者的內心生起信心。言語上的神通則可透過善巧方便，以教法與口訣教授，使弟子自然產生了悟。透過上師的話語，弟子能證得與上師同樣高階的了悟；而透過上師話語的神通力量，一般人得以迅速吸收口訣教授，因而淨化雜染，特別是煩惱（梵文：kleshas）⑥。如果能讓弟子生起充分開展的了悟與理解，那就是心意上的神通。

上師如何能透過言語，將了悟的力量傳送給他人呢？這是因爲上師本身具有非常廣大的功德。上師具有廣大的慈悲、精進、勇氣與決心等諸種功德；這些功德賦予上師傳送了悟予他人的神通力量。第三偈指的是馬爾巴展現身、語、意神通的能力。在馬爾巴的傳記中，對於偈頌所述說的示現有著更詳盡的描述。

馬爾巴的傳記《大譯師馬爾巴傳：見即成就一切》共包括五章。第一章描述馬爾巴的出生，到他值遇佛法；接下來的三章描述其佛法事業，呼應剛才提到的三行偈頌；傳記的最後一章則描述了他的圓寂。

馬爾巴的早期生平

馬爾巴出生於西藏的中部省份，那兒稱爲「衛」，意思就是「中部省

⑥ kleshas 為煩惱（負面情緒），其梵文意義為「痛苦、沮喪和折磨」。其英譯為 affliction（憂擾），這是英語中最接近「造成沮喪者」的詞彙。然而，kleshas 的藏文譯為 nyön mong（音：虐孟），大多用來表示貪、瞋、癡、嫉、慢等負面情緒或煩惱。由於「煩惱」暗含著某種不穩定性，因此我們傾向譯為負面情緒或煩惱。舉例而言，《藏文大辭典》（Great Tibetan Dictionary）將「虐孟」定義為「使人趨向惡行、變得極不平靜的心理活動」。

份」。西藏有三個主要區域：衛、西部的藏、東部的康❶。他的誕生地位於衛的南部，一個名為洛札克的地方，是三個兒子中的老么。

當我們在閱讀偉大上師的生平故事時，有時候可能會感到相當地氣餒。因為放眼所見的典範，似乎都是天性非常平和、仁慈、善良而有紀律的，我們實在無法與之相比，因為我們易怒並被許多煩惱所擾。我們指望由偉大的上師成就偉大的事業，而不是讓我們這種凡夫俗子來做；然而，偉大的上師教導我們說，如果能夠修持佛法，便可以點點滴滴地學會如何透過禪修來安撫、訓練、規範我們的自心。

在馬爾巴的生平中講到了一個相當與眾不同的故事。他是一個非常易怒的人，同時還參與許多的世俗活動。他過著一般普通在家人的生活，有農田、妻子和許多的孩子，但是他卻能以非凡的決心與勇氣，得以修持佛法並達到究竟的證悟。

在他幼年時，性情就相當急躁且易怒，由於脾氣太壞，家人覺得有必要找個法子讓他更聽話點。馬爾巴的父親認爲，如果讓他成爲僧人，或許會變得比較平和與自制。因此，他的父母決定讓他依循宗教之途。當時，有一位名爲卓彌譯師的上師，曾去過印度並帶回許多教典，完成許多翻譯，是西藏公認的一位非常卓越、特殊的老師。

因此，馬爾巴就被送到卓彌譯師那兒。當他們見面時，馬爾巴曾想要求取灌頂與指導，但是卓彌並未給他許多灌頂。然而，在卓彌的指導下，馬爾巴學會了印度的主要方言，並且對印度語相當嫻熟；由於他和卓彌的業緣不深，馬爾巴遂萌發了想要自己前往印度的強烈渴求，而不太想繼續留在譯師身邊學習。

❶衛（亦稱中藏，以拉薩為中心）、藏（一般拼音應為Tsang，日喀則一帶）、康（一曰喀木，常與衛藏和安多並列）。衛藏、康區和安多為傳統藏地的主要三區，語言方面的口音也各有不同，分別為：衛藏方言（如拉薩話）、康區方言（如昌多話）、安多方言（較接近古藏語）。

西藏於這段期間，尚有許多譯師在世。當中有許多利益佛法的大學者，但一般他們的興趣大都在於翻譯藝術與科學的文本，例如：占星術、梵醫術等。當然，這些知識對佛弟子來說多少有點幫助，但卻遠不如馬爾巴所想要翻譯的教典來得大，因爲在當時，僅有少數的學者將金剛乘的教典從梵文譯爲藏文。馬爾巴所做的翻譯之所以卓越，就在於他所領受與翻譯的教典，乃是先前西藏修行者無從得知、無從取得的，這些包括了密集金剛與喜金剛密續生起次第與圓滿次第的釋論，以及關於護法的教導。馬爾巴所依循的是他的老師們的梵文法本，然而這些老師卻是西藏人們前所未聞的。從這些老師身上，領受並翻譯了過去無人曾受過的教法，他的事業成果可以從千禧年後的今日，仍繼續有這些法教的不間斷傳承——噶舉傳承窺見一斑。

馬爾巴前往印度

原始文本的第二章，描述了馬爾巴如何三度前往印度。在過去，從西藏到印度的路程，不比現代的旅遊條件，其困難與艱鉅度都令人難以想像。道路的狀況極差，總有機會在路上遇到各種野獸。在西藏的這一端，旅人必須先橫越峻嶺並忍受酷寒；到了接近印度時，又必須穿越充滿瘴癘、尸蟲、毒蛇和極端炎熱的叢林。旅人除了要涉步於湍急的河流中，還要面臨殺人不眨眼的盜匪突如其來的危難。

馬爾巴則完全不顧這些困難，他踏上這段旅途不只一次，而是多達三次。這完全是因爲他有大勇氣與大決心，而這份勇氣來自他對於佛法的無比虔誠；由於對教法具有大信心，及對需要教法的眾生有著大悲心，因此成就了他的大決心！

馬爾巴的第一趟旅程

當馬爾巴第一次想前往印度時，他去見父母並說到：「我決定要去印度。能否請你們慈悲地將我繼承的那份財產給我，好換成黃金帶去印度。」他的父母和兄弟都試圖說服他：「去印度沒有任何意義啊，我們不懂，你為何要成為譯師？如果想修行佛法，何不就留在這裡、在西藏就可以修行了啊？還有，如果無法修行，為什麼不就成為一名農夫，做些有用的事？」他們一再爭執，想要勸退馬爾巴打消念頭，卻徒勞無功。馬爾巴想去印度的決心是如此的堅定不移，因而就此定案。

在馬爾巴所住的地區，還有另外兩位西藏人也想要隨行，但是最終都被家人勸退，最後只有馬爾巴獨自踏上旅程。當馬爾巴離家已遠時，他遇到另一位前往印度的旅人——紐譯師。於是，他們倆人結伴同行，經由尼泊爾前往印度。

在首次前往印度的旅途中，馬爾巴在尼泊爾停留了三年。對西藏人而言，從西藏到印度，兩者在氣溫和濕度之間的變化是難以承受的，除非自行逐漸去適應水土。因此，馬爾巴在尼泊爾停留三年的期間，還進一步學習梵文和其他印度語言，並藉此漸進式的適應氣候。除此之外，馬爾巴尚有許多珍貴的經歷。

在抵達尼泊爾的第一天⑦，他們來到一個非常擁擠、人人摩肩接踵的地方，聽到有人說：「如果你想拿些吃的、喝的，就看哪裡人最多，到那裡去就對了。」馬爾巴問：「現在這裡是怎麼回事呢？」人們回答：「今天有那洛巴的兩位弟子要在這裡傳法，他們來自彭湞巴。」

僅僅聽聞到那洛巴的名字，馬爾巴的內心就被大大地觸動，這喚起了他潛藏的記憶——在過去生與那洛巴的緣分。他立刻生起了無比的信心與虔

⑦這個事情發生於尼泊爾的帕平，據說現今該地有一座印度精舍（其中有金剛瑜伽女的塑像，馬爾巴據說曾在佛像前禪修）。

誠，並且非常強烈地渴求前往那洛巴弟子的授教之處。他告訴同行的紐譯師說：「我們去那兒領受教法，看看是怎麼一回事。」

在那裡，來自彭滇巴的兩位喇嘛，紀德巴與班達巴，正在給予大眾《密集金剛續》的教導。一些尼泊爾人看見馬爾巴與紐譯師，就說：「有西藏人來了，他們很笨，所以我們今天可能接不到什麼甚深的教導或灌頂了；他們簡直像牛一樣，根本聽不懂什麼語言或任何事情。他們來我們這裡，真是令人掃興。」因紐譯師懂得尼泊爾語，聽到有人說他們是牛，讓他感到相當受傷且沮喪；在開示的過程中，他背對上師、全程持咒，然而那樣的舉止是非常不敬的。

隔天，馬爾巴說：「我們再去領受更多的教導吧。」但是紐譯師說：「不，我不打算去。他們說我們是牛，如果我是牛，就不要去打擾了。」於是馬爾巴便獨自前去，領受了許多教法與灌頂。在開示結束之後，馬爾巴前去拜會這兩位那洛巴的弟子。他想要知道在印度能找到哪些好老師，並且想要問問關於那洛巴的事，而且他非常急切地想要更進一步了解那洛巴。在兩位喇嘛述說了那洛巴的特殊功德之後，更激發他前往拜會這位偉大上師的渴望。馬爾巴感受到內在想見到那洛巴的呼喚，決定不顧喇嘛們的建議——儘管他們說：「也許你該留在這裡讓自己先習慣炎熱，在尼泊爾待一段時間後，再啓程前往印度。」但業緣⑧的呼喚是如此強烈，馬爾巴決定盡早啓程去尋找住在印度的那洛巴。

馬爾巴和他的同伴紐譯師一起離開，踏上困難而艱鉅的旅程，最終抵達

⑧此處「過往關係的連結」是一種弟子與上師之間的連結，並非因果（業報）的關係，而是出於過往的關係。這種連結來自過往的習氣。舉例而言，如果過去生有位弟子從上師受教、與上師共事、對上師具信，並發願追隨上師繼續領受教法，這種關係就會再度形成。而此業緣將產生非常強烈的因，使得這位弟子與這位上師聚首，再次傳授與領受這些教法。若是共同啓始的任務尚未完成，內在會有欲望想再續前緣以臻圓滿。這就像開始講了一個笑話卻沒講完，會很想繼續到說完為止。弟子與特定上師之間的關係，會在潛意識留下非常強烈的印記；然後在下一世，潛在的記憶突然被喚醒，弟子就想與那位上師再次聚首、領受教法。

——創古仁波切開示

印度。從自己與尼泊爾人以及印度所遇喇嘛的對談中，馬爾巴知道自己眞的很想見到這位非常偉大的班智達與證悟者──那洛巴。他告訴紐譯師說：「你知道嗎？大家都說他是最偉大的，我們何不前往拜會他？」然而，紐譯師過去生並未與那洛巴有任何特殊的連結，因此他說：「噢，我聽說過那洛巴的善事。但你知道他的老師帝洛巴是怎樣的人嗎？他相當狂野，過著野瑜伽士的生活；後來那洛巴也慢慢變得如出一轍，我不感興趣。此外，在印度各地，都能找到非常偉大的老師與班智達。所以，我並沒有特別想要找到那洛巴的欲望。我在任何地方都能遇見好老師。」因此，他們決定分道揚鑣，各自尋找自己的上師。

最終，馬爾巴得以見到那洛巴。那洛巴喜悅地宣布：「你是我上師（帝洛巴）所授記的人，我將你命名爲『佛法之智．馬爾巴』（馬爾巴．卻吉．羅卓，Marpa Chokyi Lodro）。未來，你會將佛陀的教法帶到西藏。」

那洛巴見到馬爾巴時，顯得非常、非常地高興，並且十分悉心地照顧他、對待他。一開始，他先給予馬爾巴三個關於《喜金剛續》的續部教導，亦即《二品續》、《道歌》（梵文 dohas），以及《桑布札續》❷。

馬爾巴花了將近一年的時間，研讀、學習這三個密續。年底放假時，馬爾巴前往鄰近的城鎮，在那兒遇到紐譯師。自然地，他們談到了分別後各自修習的進展。紐譯師問：「你學了什麼呢？」馬爾巴回答，他學了《喜金剛續》。他們彼此間談了許多關於喜金剛的教法，然而馬爾巴了解到，自己比他的朋友懂得更多。然後，紐譯師告訴他，西藏已有人在修持《喜金剛續》，既然這樣，那他們眞正要嘗試學習的應該是《密集金剛續》，那是屬

❷喜金剛本尊法在噶舉派的馬爾巴傳承中為母續，在薩迦派的《金剛鬘》傳承中亦為母續，但薩迦派主要修持的畢瓦巴口訣派喜金剛，則屬無上瑜伽部無二續的本尊。此法出自《喜金剛本續》，其分為上下二品，故常稱為《二品續》；相關的註釋有二部釋續，共的釋續為《桑布札續》，不共的釋續為《金剛幕續》。原書此處關於《二品續》的拼字 Tatnig 可能有錯，應該是 Tagni（藏文）Tantra（梵文）。

於「父續」⑨法教的一部分。紐譯師說：「如果你知道如何修此密續，就能完全控制身體的所有能量，甚至可以將體內所有的細微能量帶到指尖⑩。若能如此，即可證得佛果，回歸來處。」也就是說，此密法能讓人輕易達到了悟。

當紐譯師滔滔不絕地述說著密集金剛的教法時，馬爾巴卻發現自己對這些教法一無所知，便直接回去找那洛巴，告訴他這一切，並請求能盡快領受這個教法。

那洛巴聽到了他的請求之後，告訴他說密集金剛教法的最勝上師爲耶喜．寧波（梵文 Jnanagharba，意思為智藏）。而耶喜．寧波住在印度的西部，馬爾巴應該前往求取教法。他告訴馬爾巴，此行不會遇到任何困難，但是到達之後，一定要相當努力學習以精通此法。因此，馬爾巴拜訪了耶喜．寧波，並領受《密集金剛續》的灌頂以及所有的相關教示。他也從耶喜．寧波領受了事部密續以及瑜伽密續的灌頂與教授。

就在馬爾巴回去找那洛巴的途中，在路上的一所寺院停留時，在那兒又碰到了紐譯師。兩人又開始討論彼此的學習狀況，然後紐譯師問：「你最近做了些什麼？」於是談及到《密集金剛續》這一部父續，在交談中馬爾巴再次具有比紐譯師更透徹的了解。然後紐譯師說：「噢，好吧，這相當的好。但是你知道嗎？密集金剛的教法在西藏已爲人所知。西藏眞正需要的是母續中名爲《大幻化網》的修法，那是西藏目前所沒有的；這個教法是關於體內分布之細微經脈的靜態要點、體內循環之細微能量（風息）的動態要點，以及菩提心如何在於整體的系統之中。這些都是極爲甚深的教授，我們應該要

⑨續法，或通稱為密續，可分為四大部：事部密續、行部密續、瑜伽部密續，以及無上瑜伽部密續。無上瑜伽部密續，通常簡稱為無上密續，被認為是最高的密續（參見《密集金剛續》「父續」、《喜金剛續》「母續」）。

⑩在西藏的系統中，人體的氣（細微能量或稱風息，梵文 prana，藏文 lung）會沿著脈（細微管徑，梵文 nadi，藏文 tsa）而遊走。這些脈並非解剖學上可見的東西，而比較像是針灸裡的經脈。在較高階的密續修行中，會教導如何啓動這些過程，沿著脈徑作遷移能量的練習，以使修行進展得更為順利。

試著把它帶回西藏。」

接著，理所當然地，馬爾巴了解到自己對大幻化網教法一無所知。當他回去找那洛巴時，那洛巴問：「嗯，進展得如何？你從上師耶喜．寧波那裡獲得密集金剛教法了嗎？」馬爾巴回答：「有，我的確領受了所有這些殊勝的教法，一切都很順利，直到我在路上遇到朋友，他說，我們應該要將大幻化網的教法帶回西藏。因此，請傳這些法給我吧。」

於是，那洛巴派遣馬爾巴向其他上師學習密集金剛法，這是因為他要讓馬爾巴獲得來自該上師的特殊加持法脈。那洛巴其實是可以親自傳授教法，但是他要讓馬爾巴領受那些特殊的法脈；他認爲之後若有需要，他都能夠給予馬爾巴其他的傳承。至於大幻化網的教法，他向馬爾巴說：「嗯，眞正精通此法的上師是庫庫里巴（Kukkuripa），他住在毒湖中的島上。他是眞正的母續大師，所以你必須前去拜會他，並領受這個教法。」

在啓程往南會見庫庫里巴之前，馬爾巴隨著那洛巴前往幾位瑜伽士所住的墓地（尸陀林）。那洛巴手指著他們說：「馬爾巴要去尋找住在毒湖之島的上師並領受教法。我要你們保護他，免於途中的一切危難。」一位瑜伽士趨前說道：「我承諾保護他離於毒蛇。」另一位瑜伽士說：「我承諾保護他離於猛獸。」第三位瑜伽士說：「我承諾保護他離於一切非人之干擾。」就在馬爾巴離開前，那洛巴一邊叮嚀、一邊提醒道，在他抵達毒海洲時，雖然能夠找得到大成就者庫庫里巴，但庫庫里巴的外貌相當怪異，不但全身布滿毛髮，下半身的膚色還相當可怕，看起來幾乎像是隻猴子。那洛巴還說：「別驚訝，因為庫庫里巴經常示現為各式奇特的形象。因此當你到達時，不要有任何的懷疑。要想著，他就是你所要尋找的上師。告訴他，你的上師派你前來求取大幻化網的教法。」然後那洛巴給他一封信，要他在抵達時交給那位上師。

途中，馬爾巴遭遇到許多的艱困與磨難。但是他以極大的信心向那洛巴祈求，因而度過了重重難關。最後，當馬爾巴抵達島上時，看見有個人倚樹而坐，全身遍覆毛髮且一言不發。馬爾巴說：「哈囉，是誰在那裡呢？是庫庫里巴嗎？」接著庫庫里巴說：「什麼事啊？是塌鼻子的人（意思是具有蒙古人特徵的西藏人）嗎？」、「你打哪兒來的，扁鼻人？爲何歷經千辛萬苦來到這裡？你到底要找誰？我從未聽說過庫庫里巴這個名字，也從沒見過他。」此時，馬爾巴倒抽一口氣，但他並沒看到其他的人，因此認定這位披頭散髮之人必定是庫庫里巴。依循那洛巴的指示，他趨前走向那位怪人，然後說：「我是我的上師——大班智達那洛巴所派來的，要我向您求授大幻化網的教法，請您把它賜予我吧！」然後他奉上那洛巴所寫的信。庫庫里巴卻說：「大班智達那洛巴？你到底在說些什麼啊？他可是班智達們的笑柄呢！眞是可笑，這人不但一無所知，也毫無禪修經驗。至於大幻化網的教法，就請他賜予你吧！別來煩我，你爲什麼來這裡打擾我呢？離開吧！去看你的笑柄班智達，向他求取教法吧！」

庫庫里巴說了這些，以及其他許多關於那洛巴的不堪之事，接著他坦承道：「不，事實上，那洛巴是位非凡的上師。他是大班智達（mahapandita）與證悟者。他當然能給予你大幻化網的教法，只是因爲我擁有這個教法的特殊傳承，因此才派你前來找我。」然後，庫庫里巴給予了馬爾巴大幻化網教法的完整傳承。

馬爾巴之所學

基本上，金剛乘是由兩個面向所組成的：其一是方便（梵文 upaya）的面向，著重在稱爲生起次第的修行階段；其二是智慧或般若（insight，洞見；梵文 prajna）的面向，著重在稱爲圓滿次第的修行階段。續法可依據著重之處在於方便或智慧而加以分類。著重於方便或方法者，稱爲「父續」；著重於智慧者，則稱爲「母續」。

馬爾巴最初自那洛巴領受的是母續教授，特別是最甚深的「母續」《喜金剛續》。他領受了該法的灌頂與修行教言，以及《根本續》的口傳與解說。《根本續》即是佛陀針對此法所給予的原始法教。現今《喜金剛續》的釋續與那洛巴的解說被合稱為《二品續》，該釋續被稱為《金剛幕續》或是《空行金剛續》。馬爾巴領受的則是此喜金剛傳承的完整內涵。

之後，他所求取的是「父續」教授。他向那洛巴求取最精要的父續法教，即「密集金剛」法。那洛巴說，若他能從班智達耶喜・寧波那兒領受就更好了。耶喜・寧波於自身的修行中運用此法，並曾領受其特殊的傳承法脈。馬爾巴自耶喜・寧波處領受了密集金剛法以及另一部母續法。在一首道歌中，馬爾巴說：「我領受了最甚深的母續——喜金剛法，以及其精要——大幻化網法。」馬爾巴的意思是，《大幻化網續》是他從庫庫里巴之處所領受的母續精要。

在馬爾巴初次的印度之行中，所領受的關於《喜金剛》、《密集金剛》與《大幻化網》的教法，都是屬於無上瑜伽密續的極甚深教授。馬爾巴所領受的稱爲「不共傳續」，其包括修行的兩個層面：解脫道，又稱爲大手印之道；以及方便道，又稱爲「那洛六法」⑪。解脫道後來成爲噶舉傳承的主要修法，這方面的教授則是從梅紀巴那裡所領受的。梅紀巴日後成爲馬爾巴另一位主要的印度上師，此與那洛巴的授記是一致的。當馬爾巴自梅紀巴領受大手印的廣大教授時，他也領受了名爲《本續讚歌》的密續教授。他更進一步領受了如薩拉哈、夏瓦里（或稱夏瓦里巴）等大成就者的道歌教授。

---

⑪金剛乘包括兩種修道，亦即解脫道與方便道。修行者通常會將兩種同時修持或是交替修持。解脫道有時被稱為無相禪修，其包括大手印。這個禪修方法關乎於心的明分（覺性層面）。方便道則包括觀想、持咒、壇城、瑜伽，後者如那洛六法或尼古瑪六法等所有密續的修持。這些修持關乎於心的能量層面。若能適當整合心中受到扭曲的業力能量，便可獲致相同於解脫道之無相禪修的證悟明覺之果。解脫道的功德比較平和，而方便道的功德則比較快速；故兩者是很好的相輔相成。倘若沒有具格密續上師的指引，則兩種道都不能如法修持，其中又以方便道尤為具有風險。

——扎西．南嘉喇嘛（Lama Tashi Namgyal）開示

最初，馬爾巴領受這眾多的教授後，透過禪修實際地加以運用；並在獲得覺受之後，斷除了對這些法教的疑惑與遲疑，而且還更進一步地加以探索。

2
馬爾巴拜會
梅紀巴

馬爾巴在印度拜會的下一位上師，是偉大的金剛乘上師梅紀巴，並從其領受了大手印教授。既然馬爾巴已經從那洛巴處領受了大手印教授，這裡我們或許會納悶：他爲什麼要受同一個法第二次呢？這麼做是因爲那洛巴與梅紀巴兩者代表了大手印教授的兩種不同傳承。那洛巴所持有的稱爲「近傳」，因爲他是直接從帝洛巴那裡領受這些教法，而帝洛巴則是直接領受自金剛總持①。梅紀巴所持有的稱爲「遠傳」，因爲他是從夏瓦里處領受這些教法，而夏瓦里領受自龍樹菩薩，龍樹菩薩則領受自大成就者薩拉哈。因此，馬爾巴同時擁有近傳以及遠傳這兩種傳承。

梅紀巴居住的寺院位於一個非常僻靜，名爲「似火焰山」的地方。前往該處的道路異常險惡，因此馬爾巴在途中遭遇了極大的艱難。途中所遇的人都告訴他：「最好是放棄吧！因爲你絕對無法活著抵達那裡。」但是馬爾巴回答：「我去那裡不是爲了享樂，也不是爲了財富或名望，而是爲了求取珍貴的法教。即使途中喪命，我也能了解到這是爲了正確的目的而做。」因此，馬爾巴毫不猶豫地繼續前進，終於見到了梅紀巴。

當馬爾巴見到梅紀巴時，便請求授予他大手印的教授，梅紀巴出於廣大的悲心並滿了他的心願。梅紀巴將自己領受自薩拉哈傳承的教法傳予馬爾巴，其中尤以了悟自心本性的教授最爲殊勝。

除了自己所領受的大手印教法，梅紀巴還給了馬爾巴另外兩部密續的教法，一者爲關於大手印的《文殊眞實名經》②，另者爲佛陀對於大手印的釋續。此外，他也傳予馬爾巴《薩拉哈道歌》③。薩拉哈於這些具啓發性的美妙道歌中，給予了如何證得自心本性的教授。在馬爾巴領受這些教授後，他

---

①金剛總持（藏文 Dorje Chang）為佛陀的法身。帝洛巴是勝樂金剛的化現，他造訪報身剎土的空行母而領受了這些教法。

②《文殊真實名經》（梵文 Manjushri Nama Sangiti）已由艾力克斯．韋曼（Alex Wayman）英譯，而其：「大概是所有藏傳佛法教派中最受人崇敬與最多人持誦的密續法本。」（第二十八頁）

③眾所皆知，薩拉哈為大手印傳承的始祖，其道歌已由赫伯特．冠瑟（Herbert Guenther）英譯，書名為《極喜任運——薩拉哈的三道歌集》（*Ecstatic Spontaneity——Saraha's Three Cycles of Doha*）。

對於大手印不再有疑惑和誤解，並且如實地瞭解了大手印。

在領受梅紀巴的教授後，梅紀巴對馬爾巴唱了《十二口訣頌》，這將於下一章討論。馬爾巴返回那洛巴身邊，之後那洛巴又送他到索薩嶺尸陀林，向名為「骨飾者」④的智慧空行母領受教法。那洛巴囑咐馬爾巴要自空行母處領受金剛四座（藏文 Dorje Dentze）的灌頂與教授。在領受這些教法後，他總共領受了有五種主要的教法：《喜金剛法》、《密集金剛法》、《大手印法》、梅紀巴的《遠傳派大手印法》，以及現在的《金剛四座法》。我們或許會注意到，此五種教法都是用一般的方式傳給馬爾巴，意即，這些雖都是極為深奧的教法，但其傳續或領受的方式並無任何特殊之處。

那洛巴的教法

如《智慧之雨》⑤中所討論的，馬爾巴也從那洛巴領受了非常殊勝的教法與傳承，例如勝樂金剛（Chakrasamvara，又稱勝樂輪）本尊法。當那洛巴給予馬爾巴勝樂金剛的灌頂與教授時，他唱了一首道歌以萃煉當下的精要。馬爾巴也自發地以另一首道歌回應那洛巴，以求取勝樂金剛的教授全集，包括灌頂、實際的密續修持、本續疏釋，以及與此法相關的所有禪修教授。那洛巴回應了他的請求，並給予他完整的灌頂，其中包括非常詳盡的本續疏釋以及密續釋論。所有的教授都特別強調實修的層面。接著，那洛巴給予他領受自帝洛巴的「四大親語教授」，亦稱爲「那洛六法」。

最後且最重要的是，那洛巴給予馬爾巴大手印的教授，當中並以心的「本然狀態」（本心）來描述大手印。意思是當我們禪修時，並非要試著展

---

④此為那洛巴的姊妹，尼古瑪。尼古瑪是偉大的密續修持者之一，她傳下了尼古瑪六瑜伽。尼古瑪六瑜伽成為香巴噶舉派的重要法教之一。上一世卡盧仁波切在圓寂前，一直是香巴教派的領袖。

⑤《智慧之雨》乃是噶舉傳承偉大上師們的甚深道歌總集。這些上師所任運唱誦的證道之歌，表述了各自在修道上的了悟。這些道歌是由那爛陀翻譯學會英譯，書名為《智慧之雨：真實義海的本質》（*The Rain of Wisdom, The Essence of the Ocean of True Meaning*），於西元一九九九年由香巴拉出版社發行。

開一個前所未有的新的心，或創造一個具備所有嶄新功德的新的心。禪修的目的，不是將我們舊有的心改變爲新的心，甚或消除任何我們先前所具的狀態。禪修的目的是讓心維持初始的狀態，這個「本然狀態」即是內心原來就有的具生本智。那洛巴的大手印教授，能指引我們認出這種心的本然狀態。

馬爾巴禪修並串習所有的這些教授，因而獲得全然的了悟。他尤其精通於「拙火」（藏文 tummo）的修持。在拙火的修持中，馬爾巴獲得了堅固而現證的樂、明、無念覺受，進而生起最高層次的了悟。依此方式，馬爾巴獲致非凡的成就，開展了許多殊勝的功德。舉例而言，他在座上禪修時，能夠七天如如不動；無論晝夜，隨時都持續安住於大樂狀態中。在他達到這種不斷禪修的境界後，他憶起了在印度與尼泊爾所度過的十二年光陰。馬爾巴領會到自己已精通了許多的教法、密續、釋論與竅訣，而他所掌握的並非只是字面上的理解，而是對這些教法義理的全然領悟。透過修行，他找到了他所要成就的。此時的境界，讓他對於這十二年來所發生的一切都了無遺憾，因爲他完全滿足了對於法教和了悟的追求。此刻，馬爾巴感到，他已不必再尋求其他人來增益自己的修行或其他的教法。

在他成就圓滿的同時，馬爾巴的黃金盤纏也已用盡，該是返回西藏的時候了。他要將領受自那洛巴與梅紀巴的所有教法傳給他的西藏學生們，用來獲取得更多的黃金以便再度返回印度，來補足他所遺漏的教法。他最大的願望是，這些教法都能在西藏廣傳且興盛。

馬爾巴聚集了所有的同伴以及那洛巴門下的弟子，請他們在自己離開前舉辦一場慶宴和薈供。他將剩下的黃金湊在一起，全數供養了那洛巴，並與所有法友和上師共度這場最後的宴席。馬爾巴憶起他如何來到印度，得遇頂尖的大成就者，進而領受所有佛陀的教法、偉大的密續，以及相應的釋論。因他本身就是一位熟練梵文的譯者，這也使得所學的相關的教法能夠問世外，其眞實的義理也可得以呈現。而且何其有幸的是，他至今身體無恙也毫無損傷。因此他說：「今天，我感到前所未有的喜悅！現在該是返回西藏的時候了。」

接著，馬爾巴爲那洛巴唱了一首道歌：

那洛巴尊者，您是一位相當有福報的人，這必然於累世積聚了不可思量的善德，因此得以接受帝洛巴的直接教導。而且您具足勇氣，通過十二次的險峻考驗⑥。然後在一剎那，您得以了悟萬法自性。因此您是真實的善妙之人、一位偉大的大成就者。

而我，不過是來自西藏的小譯者，卻仍得以具有善的業緣，不僅遇見了您，更從您身上領受許多的偉大教法，也算是福報不淺。我領受了喜金剛法、大幻化網法，特別是有如其他一切教法精華的勝樂金剛法。

馬爾巴繼續唱道：

透過無染的禪修，我已能夠入定七日而如如不動。對於風息，這體內細微氣息所承載的極細微能量，我已有所瞭解。由於此風息已變得相當清淨，它不只在我的右脈與左脈循環，現在更直接貫通中脈，有如自己穿越虛空。因此之故，我現在能經驗到心的大樂、大明與大無念。此外，心的一切幻相現在都自然融入法身，而所有外在顯相就如幻變的假相一般，消失於大手印之中。

當我認出自心的本性時，就像是找到一位許久不見、很老很老的朋友。了悟自心之後，當我有所覺受時，那覺受完全無法言喻、超越我所能表述與想像的一切。就像是啞巴做夢，因為無法言語，

⑥帝洛巴是噶舉傳承的始祖，也是那洛巴的上師。關於那洛巴十二大苦行的描述，可見於《那洛巴的生平與教法》（*The Life and Teachings of Naropa*）一書，西元一九六三年由牛津大學出版，冠瑟（Guenther）所著。

所以永遠不可能將夢境告訴任何人。

是誰的慈愛，能讓我得到這一切呢？就是您——那洛巴尊者，完全是您的慈愛啊！我祈願，您未來仍會以如此廣大的慈愛攝受我。

那洛巴以非常簡短的勸誡之歌，回應了馬爾巴的道歌：

馬爾巴啊，莫讓世間八法左右你。
莫讓心落主、客，「自」、「他」別。
莫以強悍輕忽、批評人。
反應恆時盡力多聞思，其為驅散黑暗之明燈、其為趨向解脫之道路，應當恆時保持此修習。

至於你與上師之關係，目前皆極慎密依止於師，也向來都恭敬般重承事之；未來應當恆常如前所做，恆時依止上師是為甚要。

接著，那洛巴以這些話語總結了道歌：

切勿忘記，你的心有如寶石；心之所以是寶石，乃因為它是一切善樂的源頭。要知道，我對你的言教都在你的心中，永莫忘失，切勿置之不用。永遠要運用它、永遠要覺察它。

領受這所有的教誡後，馬爾巴便啓程離開了那洛巴，並承諾會再次回到印度。

馬爾巴回到西藏

到了首次造訪印度的尾聲時，馬爾巴已在印度與尼泊爾待了十二年，也精通了梵文、其他幾種印度語，以及尼泊爾語。他領受了多種不同密續的灌頂、口傳與教授。馬爾巴不只研讀這些教法，更加以實修；他不只實修，還顯現了眞實成就的徵兆，例如在修拙火時能夠生起細微的煖熱。馬爾巴對自己的成就感到喜悅，他沿著先前往印度的相同路徑，穿越尼泊爾返回了西藏。

3
十二口訣頌

馬爾巴的初次旅程，在返回那洛巴身邊之前，梅紀巴曾以道歌形式給予他最後的教授。這首道歌以十二個偈頌，總集了大手印禪修的所有訣竅教授，這些偈頌稱爲「十二要法」。當馬爾巴聽聞這些偈頌時，立刻領悟到這些教授對他的利益，而且對這些教法感到十分相應。

此道歌的第一偈包括：

喔！吾子，若汝信根不穩固，無二之根亦不固。

第一個要點在於：信心爲一切修心的根本，而此信心必須非常的堅固穩定。如果信心不強，則修行所生的一切都將極爲脆弱；因此，信心是修行的根本。以譬喻而言：如果一棵樹的根是弱的，則其樹幹、樹枝與樹葉都不會是強壯的。有人曾說，信心是了知空性（梵文 shunyata）①的根本，而且信心是對無二自性的了知。如果我們的信心不強，就無法開啓對空性此眞實自性的了知。

我們可以從梅紀巴的字裡行間推知，反之亦然；如果信心的根本是穩固的，對於無二的洞見也會穩固。這裡的信心，指的是對佛、法、僧三寶的信心，其內涵就如金剛乘所教導的那般。佛，乃是教導佛法的圓滿正覺者；法，此處指的是密續，特別是無上瑜伽密續，包括父續、母續與無二續；僧，此處指的是於此教授有修有證的印度和西藏傳承成就者。要點就在於，若對金剛乘所教導的三寶不具堅固的信心，則對金剛乘義理的覺受、洞見，就無法證得。

第二偈是關於悲心的必要。

若汝不生無私悲，二種色身不能證。

①由於空無（voidness）只表示空無一物，我們傾向於使用空性（emptiness）一詞甚於空無。空性為具生自性之不存，表示事物並不存在於實相的究竟層面，但於相對層面則的確有所顯現。

第二個要點在於：我們應開展悲心。如果尚未開展悲心，在獲致究竟佛果時，就不會有任運顯現的二種色身（報身與化身）來利益其他眾生②。所以我們應該開展不具任何偏袒或成見的強大悲心。

證悟事業的源頭是悲心。佛果之因，乃是悲心所生的二身，而悲心則為佛陀於修道期間所生。這兩種色身即是無上的化身與報身。化身能饒益業感不淨的眾生，而報身能饒益業感清淨的眾生。

身為凡俗的修行者，我們的業感並不清淨，尚無法做到不分「自」、「他」而全然無偏私的殊勝大悲心，因此必須致力於利益他人的事業。無偏之悲心是由業感清淨的眾生所修持，基礎在於要認知每個眾生皆毫無差別地希望離苦得樂。因此，每個眾生都同樣適合成為悲心的對象。

第三偈包含第三個要點：

若汝不修三勝慧，真實了悟不能生。

第三個要點是，我們應當開展修道上的智慧，也就是般若（梵文prajna）③。若不具備修道上的理解，我們將無法了悟萬法的眞實自性，亦即整個修行的最精要處。我們應盡力開展修道上的理解，而開展的方法有三

---

②佛陀之心即為法身，但是一般眾生因為有著許多的煩惱，對於實相自性的見解又有錯誤，以致無法直接與法身溝通。因此，佛陀以報身示現，讓高度了悟者（如諸佛菩薩）能夠造訪報身剎土並領受教法。事實上，帝洛巴便曾造訪其中一處剎土而領受教法。最後，一般眾生則必須仰賴有人來傳授教法，這就是化身，而釋迦牟尼佛即為「無上的化身」。顯然，如果佛陀不具有利益其他眾生的悲心，便不會示現為報身與化身。然而，由於佛陀的悲心，只要有需要就會任運示現此二身。

③般若（prajna，慧）一詞包括知識、智慧、本初覺性或出世覺性（transcendental awarensss）的概念等，其中本初覺性或出世覺性又為般若的最高狀態，而瞭解這一點有其重要性。世俗的知識，例如醫學、文學、商業管理、經濟學或人類學，都是般若的一種型態。修道的般若則是對佛陀與其他證悟者之教法的知識。世俗與修道的般若都以獲得資訊為基礎，雖然這兩種般若可能具有許多實際的利益，但它們本身並不會讓人從痛苦的根本之因解脫出來。唯有般若的最高境界，亦即本智（jnana）——離於「能知」（perceiver）與「所知」（perveiced）等有漏感知的本初覺性，才能使眾生離於痛苦的根本之因。

——扎西．南嘉喇嘛開示

種，也就是透過聞、思、修。

要開展眞正的了悟，首先必須要培養穩定的禪修或三摩地。要培養三摩地，就必須串習勝慧的三個面向，稱之爲三慧，否則就無法生起眞正的了悟。「慧」在字面上的意義爲「無上或徹底的理解」。當然，有許多不同種類的知識。舉例來說，有些人非常懂得如狩獵等傷害其他眾生的方法，但這並非三慧所指的知識。有些人在地質學等世俗科學上學富五車，但這也不是此處所謂的慧。這裡所指的，是一種對自、他都有無盡利益的知識，也就是幫助一切眾生獲得解脫的知識。這就是佛法的慧，或無上的知識。

三慧分別爲聞、思、修。第一爲「聞」慧[4]，意思是沉浸在佛陀、佛法學者與成就者的話語和教授之中。第二爲「思」慧，意思是實際思量所聞學的內容。最後，第三爲「修」慧，是指實際禪修思量後所得到的理解，而這種內化，或說專注、三摩地，將能引導我們獲致證悟。

第四偈爲：

若不承事勝上師，二種悉地不能成。

第四個要點在於：應當依止我們至尊的、根本的上師。若不依止上師，便無法探究修道成就的眞實要領。意思是說，短期而言，我們將無法獲得一般的修道成就；長期而言，我們將無法獲得最終的證悟。必須透過上師的幫助，我們才能獲得證悟。原因是，在修行的道路上，我們會有各式各樣的覺受與印記。若是沒有人能解釋內心所產生的種種是怎麼回事，以及要如何應對，我們便很容易誤入歧途。我們不能指望要從書本或其他凡夫身上找到修行的指引，我們需要具有足夠了悟與洞見的上師，在這些覺受上引導我們，

④藏文的字意是「聽聞」，因為在早期，弟子所得的教授主要來自聽聞上師的解釋。但是目前已有許多教授付諸文字，故而創古仁波切認為其涵意更像是研讀。

使我們走在正道上。藉由具格上師的幫助，我們將能獲得所有面向的修道成就。

若能如理修行，會有兩種結果，也就是殊勝悉地與一般悉地（siddhi，梵文）。殊勝悉地（不共的成就）為捨棄無明與煩惱的全然證悟。

除了證悟的殊勝悉地，尚有較低成就的一般悉地（共通的成就），例如：超凡的五根覺受、神通力，以及善巧處理各種狀況的能力。無論想要獲得哪一種悉地，都必須依止一位真正的上師。唯有依止具格的上師、領受適切的教授，並且修持這些教授，才能獲得這種修持之果。僅依自身之力，是無法證得任何的成就。我們也無法依據書本上的資訊而達到修持的成效。即使書本絕對正確，我們也可能誤解書本的內容，或是對其義理產生懷疑或困惑。

第五偈為：

若未斬斷心之根，切勿隨意修整覺。

第五個要點是，我們應當非常小心地守護自心。在開始禪修時，我們都會抵擋不過負面的力量，被憤怒、嫉妒、貪婪與無明所縛而身不由己。因此，要時時檢視自心。最好的檢視方法，就是直接通往心的根本，了知心的自性。一旦眞實了知心的自性，其他問題便能隨即消融。所以剛開始時，不應讓自己被各種的心意活動所牽扯，而要試著持續觀照自己的心。

某些禪修指導會教我們：只要放鬆內心，不必刻意努力。然而，唯有斬斷心之根本後，這種指導才會有其成效。斬斷心之根本，意思是要認出心的自性，亦即斷除對於自心本性的所有疑惑。所以，若曾對心的自性有過完整的覺受，就不會有任何的恐懼和疑惑，因此便有可能讓心放鬆。但是在這之前，如果只是單純放鬆，我們會更加徘徊而落入煩惱與無明當中。因此，這兩句偈頌的要點在於：如果尚未斷除心之根本，就必須致力維持不斷的正念與覺知。

第六偈爲：

未以手印擊顯相，不應退入守大樂。

第六個要點，是關於禪修的覺受。禪修當中，會出現許多不同的覺受，包括自在與大樂的愉悅感受。這個要點指出，當我們還是初學者時，不應讓自己被快樂的美好感受沖昏了頭。這是因爲，我們在這個階段尚未證悟空性，無法將此大樂覺受融入修持之中；如果執著於這種樂受，極有可能使樂受成爲修行的障礙。

此偈頌指出了一個事實，那就是，在某個階段，我們必須要讓自心安住於大樂的覺受中，而那覺受是來自全然平息了所有煩惱。要能安住於大樂覺受，就必須以認出一切覺受之空性來封印一切覺受。此處的手印一詞，指的是「封印」。「以手印擊顯相」指的是以認知萬法空性來封印一切顯相。前六個偈頌所強調的是「應修」。下一個偈頌所處理的是「應捨」。

第七偈爲：

若汝貪念於心起，應修喜悅大象行。

這個要點是關於執著。一般而言，我們應避免對外境或禪修的內在覺受有過多的執著或介入。當執著的感受生起時，對應之道在於不刻意斷除念頭，也不跟隨念頭，而應專注於無概念分別之中，亦即對它不起任何特別的想法。

好的修行人通常不會被貪念或執念所擾，但有時候，貪念或執念會透過習氣的力量而生起。在此情況下，梅紀巴說：「應修喜悅大象行」。「大象」代表巨大的力量，特別是指三摩地的力量。因此，喜悅大象的意思是，我們應致力於此非常強大、不可動搖，且能摧毀念頭的三摩地。

由此而銜接了第八偈，其內容為：

偶有煩惱生起時，觀心禪修不放逸。

此處的要點是：不被煩惱所壓倒。當任何煩惱生起時，都不能讓自己被壓倒或隨之起舞。相反地，我們要保持不散亂的禪定狀態。處理煩惱的方式，就是直視其本質，如果我們直視負面情緒的本質，它們就會自動消失；因此，不應被負面力量分心或隨之起舞。

當修行人修持極為甚深的教法時，會變得有能力逐漸減少煩惱的力量，逐漸去除無明。但是在這個過程中，煩惱仍會透過無始以來所留存的習氣力量而生起。修行人有時能應付這些煩惱，有時則不能。

當修行人無法捨棄這些煩惱時，會發生兩種情況中的一種：在煩惱出現時，不是感到極大的焦慮或恐懼，就是可能一頭栽進去，被那個遮障牽著鼻子走。梅紀巴告誡我們，切勿跟隨或被煩惱引誘，抑或畏懼且視為仇敵。對治之道在於，看著那正在經驗煩惱的心，它的自性是什麼，並且認出煩惱只不過是心的一種表現。我們應該看著心的自性，試著決斷此心的特性，藉由這種檢視，煩惱便會自然平息。

第九偈為：

心受逆緣擾害時，不斷修持四灌頂。

第九個要點是關於禪修時會遇到的困難、問題與身體障礙。我們可能感到身體不適、面臨嚴重問題，或是有極端負面的覺受。發生這種情況時，我們應修持本尊法或上師瑜伽法，並領受四種灌頂。第一個身的灌頂，稱為「寶瓶灌頂」。第二個語的灌頂，稱為「秘密灌頂」。第三個意的灌頂，稱爲「智慧灌頂」。第四個灌頂，稱爲「了知萬法自性」（「句義灌頂」，依慈誠羅珠仁波切譯詞）。每當覺得自己進入了死胡同、一切都很困難時，就應領受此四灌。之後我們會感到自己的心，與上師或本尊的清淨心，全然結合毫無分別。一旦達到這種境界之後，我們將會發現到，上述的困難已全然解決，並且逐漸消失。

即使我們的修行穩定，仍會發生干擾的情況。我們可能會因爲太快樂而分心，或是事情突然變得很糟，開始覺得受苦而無法正常修行。當這些障礙生起時，就是領受四灌的時候了。觀想根本上師或本尊在我們前方的虛空中，並由其額間放出白色光束，淨化我們身的遮障，賜予寶瓶灌頂。然後，上師喉間放出紅色光束，觸及並進入我們的喉嚨，淨化我們語的遮障，賜予秘密灌頂。然後，上師心間放出藍色光束，觸及我們心的中央並從而進入我們的身體，賜予智慧灌頂。然後，來自這三處的三種光束，全部一次觸及並進入我們身體同樣的三處。此時，要想著自己已領受第四個灌頂或是「直指」教授，因此淨除了影響身、語、意的遮障。我們應當作意，由於這個灌頂，我們已了悟法性。此修法能遣除修道上的遮障，這也意味著，這些遮障可能不會再生起，即使生起也無大礙。

第十偈爲：

煩惱起於相續時，憶念上師諸教誨。

第十個要點是，當煩惱生起的時候，不要讓自己任其擺布。必須記得：這些煩惱的特性爲空性，我們不應受其掌控，而是要持續地加以檢視。如果發現負面情緒變得非常強烈，便要試著非常清晰地憶起上師的教授。

每當煩惱生起時，若能直接認出其自性，煩惱就會自己平息，不會造成任何問題。然而，即使是頗具經驗的修行人也會發現，有時候無論多麼努力，還是無法以眞如來封住生起的煩惱。由於無法以空性來攝持，而發覺自己被憤怒、執著或無明的力量所主宰，這種情況的解決之道在於：心中要憶念對治此特定煩惱的實際教授，或是記起上師總括性的禪修教授。要點在於，只要心中憶念這些教授，就能平息煩惱；若不記得這些教授，則無法平息煩惱。而這就引生出第十一偈：

若不一心作祈求，何能圓滿聖者意？

第十一個要點是：要以全然的專注向上師祈求。我們必須向自己的上師與所有的大師祈求，領受他們的加持⑤，並使加持與我們合一。若不領受加持，將無法開展如他們一般的所有功德，並進而將這些功德與自身合一。想要開展這所有功德，就必須專心一致地祈求自己的上師與傳承的上師，祈求他們的所有功德都能於我們心中生起⑥。

「圓滿聖者意」的意思是，要在心中眞實生起與根本及傳承上師所生起且具有的相同的了悟。要實現這個目標，首先必須對根本與傳承上師懷持眞正的信心與強烈的虔敬。如果我們一心專注地祈求，則諸位上師的了悟便會以特定方式轉移給我們。若是不具虔敬，就不會發生這種轉移的過程。第十二偈爲：

生、圓合一若不修，輪、涅不二怎能悟？

⑤加持是個人將其累積的福德引入其他衆生「心相續」的過程。賜予加持的能力，端賴施者的修行成就與受者的信心。施者通常是根本上師，據說其加持包含著皈依本源的總集加持。儘管未來的經驗大致是由現在行為所造成的，但根本上師的加持能予以部分修正。也就是說，加持能創造有利的條件，令過去行為所生的修道潛質有得以成熟的善緣，賜予我們啓動修持所需的激勵與能量。以此觀之，除非我們自己的行為非常糟糕，否則上師的加持必能幫助我們克服煩惱情緒和其他障礙。因此，上師的加持能幫助我們了悟衆生皆具的佛性。

⑥佛法中的祈求，並非指求情或慰藉。在佛教裡，當我們祈求領受加持時，乃是祈求能敞開自心，以領受傳承偉大上師所生起的能量。

第十二偈是關於本尊禪修⑦。禪修分爲兩個次第：生起次第與圓滿次第。但此二次第必須同時修持。進行觀想修持時，我們必須同時修持圓滿次第。如果不同時修持，將無法了悟現前的存有及解脫，亦即輪迴與涅槃乃是無二無別的。我們將無法了悟，要在輪迴之中，才能證得萬法究竟的眞實自性。

要了悟輪涅不二，就必須移除不斷產生煩惱的基礎。而其根本在於，固著並深信凡俗顯相爲眞，且因而產生不淨觀。要斷除此一顯相的過程，就必須正確辨識出我們對凡俗顯相爲眞的固著與深信。我們必須領悟到它是多麼的強烈與堅韌。然後，不再認同我們對自心與世界的不淨投射，而是想像自己爲本尊的身相。這個過程，即爲本尊修持的生起次第。

然而，僅只想像自己爲本尊身相是不夠的，因爲我們可能會開始認爲本尊是眞實的存在，具有專屬的心識與性格。我們也可能會開始相信自己所作的供養與禮讚，實際讓本尊愉悅。因此，重要的是應斷除「本尊爲固有存在或特定應被取悅的男女神祇」這類的錯誤概念。因此，在圓滿次第中，我們要認清：觀想是全無實質可言的。

重點就是：爲了獲得輪涅不二的了悟，禪修就必須包括生起次第的淨觀，以及對此淨觀全無實質的認識。

以上爲梅紀巴給予馬爾巴的十二要點。不過，還有一個偈頌：

十二要法金剛歌，加以憶持成十三。

這些就是梅紀巴所傳授的十二要點，此外再加上另一要領：心中恆時憶

⑦本尊禪修為觀想本尊的禪修，例如觀想蓮師、觀音或度母。此金剛乘的修持稱為成就法，我們透過觀想而生起本尊，然後進行修持，最後消融本尊（通常是融入自身）以示本尊與自身無二無別。

持此十二要點。然後，梅紀巴告訴馬爾巴：「若你能恆時持守這十三要領，未來必能成就十三地菩薩（亦即佛果）。」

最後兩行偈頌的要點爲：此十二要點的實修，完全有賴以不散亂的正念與覺知來憶持這些教授。因此，第十三偈乃貫穿其他十二偈，故並未單獨計入道歌之名中。換句話說，正念爲所有其他教授的基礎。

馬爾巴傳記接著記述道：「梅紀巴如是唱著，而我對這些教授感到欣喜並加以吸收。」「欣喜」的意思是，馬爾巴對聽聞到的這些教授感到非常興奮與喜悅，因爲自己全然領略其重要性與實用性並且對梅紀巴生起不共的信心，立志加以實修，而他眞的也如實地做到了。

若仔細研讀馬爾巴的傳記，就會大致理解到這些教授對馬爾巴有多麼大的幫助。當馬爾巴結束首次的旅程回返西藏時，這十二年間努力不懈所求取的全部法本，都被一同前往印度的善妒友伴紐譯師丟進了恆河。如前所述，馬爾巴的個性易怒而且傲慢，在此情況下可能會抓狂，可是他卻沒有任何激進的反應。他表現出全然的安忍，或許我們能將其安忍的養成追溯至諸如此類的教授。

4
馬爾巴回到西藏

馬爾巴離開印度啓程返回西藏時，他與友伴紐譯師同行。紐譯師對馬爾巴在印度的成就感到十分嫉妒，使得途中出現一些磨難，以至於馬爾巴失去了所有蒐集來的文典①。嫉妒乃是爲業所束縛的典型人生問題。這些事件和問題毫無特殊的性質可言，只不過是困難的顯現，而這些困難乃是輪迴眞實自性中本來就有的一部分。

在馬爾巴返回西藏的途中，他夢見自己將會遇見薩拉哈，亦即印度的大成就者、大手印傳承始祖。關於這個夢境的記述，亦見於馬爾巴的生平故事以及《智慧之雨》。在夢境中，薩拉哈將會給予馬爾巴一種教授，讓他可以獲得甚深的見地與領悟。然而，馬爾巴首先得抵達尼泊爾與西藏的邊界，一個稱爲里修卡拉的小村落。當時，遊客必須支付稅金才能越過邊界，當馬爾巴想要入境西藏時，因爲他身無分文，因此關哨員將他拘留了數日。在進入西藏的前一晚，他做了個夢；夢境中，幾位空行母出現在他的面前，說道：「你必須前往南方的悉利帕沃達山。」馬爾巴回答說，他不知要如何前往。

空行母便說：「別擔心，我們會帶你去。」夢境中，空行母護送他抵達了悉利帕沃達山，他在那兒見到大成就者薩拉哈。當馬爾巴實際見到薩拉哈時，夢境變得比任何一般的夢還要來得眞實。從客觀現實的層面來看，他入睡且做了夢，但是在夢境中，他自薩拉哈領受了先前未曾領受且清楚確實的法教。馬爾巴並未遇見薩拉哈的肉身，而是遇見了薩拉哈的智慧法身。

由於此一夢境，馬爾巴發覺自己獲得了領悟大手印的嶄新洞見。他繼續往西藏邁進，剛剛越過邊界，就被他初次前往印度時曾與他同住的弟子邀請留下。

在他駐留當地時，該位弟子向他請益：「您去了印度，也學了很多，想必已獲得偉大的了悟。若您能給予我們新的教授，就是那些您先前還沒教過

①事實上，紐譯師了解到馬爾巴的所知已甚於他，因而產生嫉妒，於是賄賂船夫，將馬爾巴的所有文典都丟入河中。然而，馬爾巴已將大多數的內容牢記在心，故這些教法並未佚失。

的，我將萬分感謝。」馬爾巴說，在他離開尼泊爾的路上，關哨員把他拘留在邊界，迫使他在里修卡拉停留了數日；他解釋說，當他在那裡時，曾於夢中領受了薩拉哈的法教。馬爾巴說：「現在，我要開始對你們唱誦薩拉哈的法教之歌，請仔細聆聽。」

馬爾巴以「一歌一故事」的型態，講授這些法教。馬爾巴將所見所聞告訴他們，在講述中間，則唱誦所領受的部分法教。他如此開始：

今日非常吉祥而殊勝。正是陰月的第十日，我們全員團聚而享用盛宴，慶賀圓滿的相會。諸位乃是具信之人，你們全都完整持守著對於上師的誓言。今天諸位向我請求給予未曾聽聞過的殊勝教授；然而我必須承認，在行旅印度之後，我的身體歷經許多磨難，使我感到疲憊萬分，我不認為自己能將道歌唱得很好。無論如何，我的歌喉不好，也不擅文詞，所以大概沒辦法做到令人滿意。但是，我的朋友們，由於你們每個人的善意請求，我不想忽視諸位對我的善意，因此我將試著唱誦。既然諸位希求新的教授，我將在歌中訴說夢裡見到薩拉哈時的狀況。現在，請諦聽我的道歌，試著謹記於心。

由於關哨員非常嚴厲，他們不了解我確實身無分文，因此把我拘留在邊界，而且他們的態度也十分堅決。對於像我這樣的卑微旅人而言，情勢艱難，因此我只得在那裡停留數日。但是，當我在那裡的最後幾天中，我做了個夢，夢境中，我看見兩位非常美麗的印度少女，她們告訴我：「你應該去悉利帕沃達，亦即南方的吉祥聖山。」我回答說：「我沒去過那地方，也不知道怎麼去。」

但這兩位女孩回答：「我們就像是你的姊妹，別擔心。我們會帶你過去，沒有問題。」

接著，她們取出一塊布，做成吊床的形狀。馬爾巴坐在吊床裡，由她們帶領而穿越空間，一瞬間便抵達了吉祥聖山。他在那裡看到一棵宏偉的大樹，薩拉哈就坐在樹蔭底下。馬爾巴從未見過如此不可思議有著莊嚴相貌之人，他身著骨飾，兩位侍女隨伺在側。他的神情看起來愉悅無比，微笑對著馬爾巴說：「兒啊，你好嗎？旅途愉快嗎？路上可好？」一瞬間，馬爾巴感到巨大的喜悅，因爲感動至極而信心之淚直流。且全身毛髮直豎、充滿著不可思議的信心之流。馬爾巴懷著如此虔敬與熱誠的殊勝覺受，向薩拉哈頂禮，並且將薩拉哈的腳放在自己頂上②。接著，馬爾巴說：「父啊，請以廣大的悲心眷顧我。」就在那一刻，馬爾巴領受了身、語、意的一切廣大加持。

薩拉哈將手放在馬爾巴的頭頂，給予他身的加持。馬爾巴立刻生起大樂與自在的非凡感受，也就是稱爲「無染大樂」的覺受。此大樂可相比爲人們在情緒高亢或酩酊大醉時所體會的不可思議之樂，就像是醉透了的大象。馬爾巴在薩拉哈的初次問候中，已領受到語的加持，雖僅寥寥數語，卻對他影響深遠，帶給他意方面的加持，並在馬爾巴的覺知中生起全然嶄新而清新的洞見。馬爾巴所獲得的全新洞見，完全無法以言語表達，就好似瘖啞之人做了個夢，卻因爲無法言語而不能將體驗告訴任何人。由於這個意的加持，馬爾巴如實了悟法身及空性的義涵，他將此覺受比喻爲一具屍體，意思是屍體不具任何的想法或感受。在這次的淨相中，馬爾巴了悟整個世界的如實樣貌，其中毫無任何自身立場的分別概念。

馬爾巴繼續說著他的故事：

然後，薩拉哈唱誦了勸誡道歌。他以最美麗的旋律、極平滑且柔和的聲音唱道：

南無（「我禮敬」或「我頂禮」）。空性與大悲無二無別且從

②將某物置於頭上，乃是尊敬的象徵。藏人通常在看到佛法經典或法照時，會以頭頂觸碰之。

不停息，此兩者皆相續不斷；這是因為自無始以來，它們便存乎於心，未曾新造。空性與大悲是自性的一部分，心的本然狀態，此兩者一直都在。

空性與大悲的根本在哪裡呢？在於心中。所以，我們要非常謹慎地守護心識。若要尋找心的自性，就要注視當下的那一刻，不要捲入前一瞬間或下一瞬間。禪修的整個重點便是要安住於心的自性中。

如果你干預並改變事物，那就不是禪修。禪修的要點在於：讓心安住於心的真實自性中。不是該這樣、該那樣的問題。禪修的真實之道，就是讓心安住，不改變它的狀態，不介入也不改變任何事物。我們必須在一開始就這麼做。

如果能讓心保持不變，就能自輪迴得到解脫。讓心安住於自性時，應該如同孩童一般，睜大雙眼，以完全自然的方式看待事物，若能如此，將感到如獅子般的無所畏懼。我們必須讓心安住於自心中，如同野象隨心所欲地四處漫步；讓心全然地放鬆、自在，就像蜜蜂從一朵花飛到另一朵。讓心全然地放鬆、自在，自然地安住於其自性中。當我們禪修時，切勿視輪迴為壞事或充滿各種缺失，這是因為，輪迴的自性會引領我們到達萬法的真實自性，亦即心的真實自性。此外，也不必想著要證悟佛果，因為心的自性即為佛性。

所謂的「平常心」③，就是心的如實樣貌，毫無任何的摻雜或修整。一般而言，我們的心受控於念頭與負面的影響，並未處於平常的狀態。若我們想著「我必須禪修」，這也不是平常心，這是經過修整、受到摻雜、已被改變的心。因此，讓心安住在其自身之

③平常心（藏文 thamel gyi shepa），指未受煩惱或關於實相之謬見所覆蓋的本初心、心的自然狀態。平常心並非我們一般認知的充滿念頭與困惑的心。

中，就是處在它平和、放鬆、清晰、空性的自然本質中；只要讓心安住於自性，不干涉、不改變任何事情，如實處於其清新與當下之中，不作任何改變。如此一來，我們就能了知心的真實自性、萬法的真實自性。這指出了萬法的本質，也是大手印的關鍵。

馬爾巴接著說：「這就是薩拉哈告訴我的。」他說，在聽了薩拉哈的完整道歌後，他就醒了。醒來之後，薩拉哈所說的每個字，在他的心中仍然十分清晰。馬爾巴並未忘記隻字片語，而且有一種非常鮮明、像是走出黑暗的覺受。突然間，彷彿心的所有極鮮明智識都倏然打通了，心的究竟自性便在他面前敞開。

此刻，馬爾巴瞥見了不可思議的心的明性，彷彿無雲時的太陽。由於這次的經驗，馬爾巴對他所學一切的正確性，生起了堅定的信解。他感覺到，即使過去、現在、未來諸佛盡皆現前，他也無須請示了。這是因爲，他相信自己已全然了知自心與萬法的自性，所以再也沒有其他需知道的了。因此，馬爾巴對自己的了知已獲得定解的信心。馬爾巴繼續說著：

能自本尊、空行、上師處領受任何的教言，都是非常珍貴的。我們必須當下謹記於心而加以實修，不應吹噓或是告訴他人；這是因為，恣意地流布與宣揚所持有的一切珍貴徵兆與覺受，完全是毫無意義的。我們必須將內心的一切現象視為珍寶。然而，今晚我會告訴你們這些是有意義的。在此之前，我從未向他人提及這個覺受，之後也將鮮少提及。而今晚會向諸位分享這些，是有特別原因的。

這一段故事對我而言深具意義。因為當我從西藏到印度時，是孑然一身的，我沒有任何支援、沒有友伴，只有一堆的麻煩纏身。在這段期間，全靠諸位弟子十分仁慈地幫助我，而我也從未忘記過你們的仁慈。為了表達我的感激，今晚特別與你們分享此一甚深的教授。我祈求上師、本尊與護法，不會因為我與諸位分享此甚深教授而有所不悅，也不會視之為我的過失。

在說完這段故事之後，馬爾巴回到了家鄉洛札克。

從大手印傳承的脈絡來理解薩拉哈究竟是誰，是有其必要的。殊勝的大手印傳承包括「近傳」與「遠傳」兩派④。大手印教授的近傳派，乃是由金剛總持直接傳予帝洛巴，由帝洛巴傳予那洛巴、然後傳馬爾巴、再傳密勒日巴、續傳岡波巴等，直至今日。而大手印教授的遠傳派，則是由金剛總持傳予勒那摩提菩薩（寶意），後者傳予薩拉哈，薩拉哈再傳予龍樹菩薩，然後依序傳至夏瓦里、梅紀巴，再到馬爾巴。因此，薩拉哈對大手印傳承而言，是極爲重要的祖師。當然，馬爾巴是不可能親見薩拉哈本人，因爲薩拉哈的年代要比他早很多（西元九世記）。此次相遇，不同於我們可能所做的夢境，馬爾巴所面見的乃是薩拉哈的恆時智慧法身。

④談到大手印傳承的上師時，會提及上師的清淨相（法身）、遠傳承的上師，以及近傳承的上師。

遠傳承的上師始於世尊佛陀，經過證悟的上師與弟子們持延續不斷的法脈相承，一直傳到噶瑪巴。我們稱之為遠傳承，是因為傳承可以回溯遠至釋迦牟尼佛。

大手印也有近傳承。近傳承始於金剛總持佛，金剛總持佛將大手印教法傳予羅卓·仁謙·勒那摩提菩薩，其教法再傳至帝洛巴與那洛巴。對於直接從金剛總持佛領受大手印法脈傳承的偉大上師們而言，是在悉達多王子涅槃很長時間後，才有這個傳承。人身佛陀，亦即歷史上的釋迦牟尼佛、悉達多王子，當時已不再示現為悉達多王子的人身相。首先，這些偉大上師們透過「遠傳承」領受佛陀及其弟子們的教法，並加以修持。他們透過修持而獲得了悟，而佛陀的示現可視為其了悟的一部分，但並非示現為悉達多王子，而是金剛總持佛。金剛總持佛為報身佛，而我們所知的悉達多王子則為化身佛。金剛總持意指祂涵攝一切，是恆在之佛、恆時之佛。

其後，金剛總持佛直接傳予特定的偉大上師們，但這完全是因為他們已了悟過去從其上師所領受的教法，也就是始於世尊佛陀的教法。以此觀之，大手印傳承和許多金剛乘教法傳承，實際上既有遠傳承、也有近傳承。

——大司徒仁波切（Tai Situ Rinpoche）開示

5
馬爾巴在西藏建立教法

馬爾巴有很多偉大的弟子，其中在歷史上記載的有四位著名弟子，稱爲「四大法柱」。當馬爾巴自印度返回，穿越邊境從尼泊爾進入西藏時，曾以道歌勸誡他的弟子們。當時馬爾巴所停留的居所，屋主其實就是四大法柱中的第一位。這位弟子名爲俄頓．卻多。「卻多」爲他的家鄉之名，位於西藏的雄。實際上他的名字是洛擦．卻吉。

當馬爾巴返回西藏時，他四處弘法，收了許多弟子。這些弟子在馬爾巴的指導下修持佛法，並沿著朝向證悟的各個階段逐步邁進。

有一天，馬爾巴與侍者一同行旅，遇到兩位瑜伽士，分別是一位上師和弟子。這位瑜伽士趨前走向馬爾巴，其弟子問道：「您從哪裡來？」以及「您要去哪裡？」馬爾巴的侍者回答：「這位是馬爾巴，他曾前往印度，成爲大成就者那洛巴的偉大弟子之一。現在他於西藏行旅，要將金剛乘的教法傳予心性成熟而堪於受教的弟子。修持馬爾巴的教法，能達到修道上的究竟果位。不過，就算是心性未堪修持這些教法的人，僅僅拜見馬爾巴、聽聞其法語，也能獲得利益。他們能獲得與馬爾巴結緣的機會，而在他們的心中，播下了解脫與一切智智的種子，亦即佛果的種子。這就是我們來到這裡的原因。因爲馬爾巴即將再度返回印度，以求取更多的教法，爲了感恩上師，馬爾巴必須帶些黃金到印度，所以現在正四處行旅並給予教法，以便匯集供養印度上師的黃金。」

遇見這兩位瑜伽士之後，馬爾巴接著碰到一位名爲梅敦・索南・嘉辰的弟子，後來由馬爾巴改名爲「梅敦・村波」，並成爲馬爾巴的第二位大弟子，屬於「四大法柱」之一。馬爾巴給予他喜金剛的灌頂，並且留在西藏的藏絨地區說法兩個月。

接著，馬爾巴向北而行。在同樣的地區，一位名爲馬爾巴・郭勒的商人途經此處，看見許多人聚集而加以探詢。其中一人回答：「有一位名爲馬爾巴的上師，是著名大成就者那洛巴的弟子，正在給予教導和灌頂。」商人聽到之後嚇了一跳，想著：「噢，眞奇怪。我的名字也是馬爾巴，或許我們來自同一家族，他似乎是位好上師，或許我該前往聞法。」於是，商人前往拜見馬爾巴並領受其教法。

之後，馬爾巴．郭勒注意到大譯師馬爾巴的穿著老舊，便供養他一些質地上好的服裝，並邀請馬爾巴前往他的住所。馬爾巴來時，身上依然穿著同樣老舊、破爛的衣袍。馬爾巴．郭勒有點驚訝的想著：「好吧，這眞的有點奇怪。我給他全新的服裝，他卻還是穿著原本老舊的衣裳，這是怎麼一回事？或許他很貪戀美麗的事物與財富，甚至不忍拿來穿它。或許這位上師並不如眾人所說的那麼好。」於是他問道：「您爲什麼依然穿著這些舊衣服呢？我供養了您一些新衣，而且我知道其他人也有供養您新衣，爲什麼您還是要穿同樣的舊衣呢？」馬爾巴回答：「是這樣的，我想返回印度領受更多的法教，那就必需要有黃金才能成行，但舊衣換不了黃金；因此，我若繼續穿著同樣的舊衣，就能將所有新衣換成黃金，並前往印度求取更多的法教。這就是我爲什麼老穿同樣舊衣的原因。」馬爾巴．郭勒聽了非常感動，並了解到馬爾巴不穿新衣，是因爲對於物質無所攀執的關係。這樣的領悟更加強了他對馬爾巴的信心。

馬爾巴離開西藏北部，往南返回洛札克的家。到了洛札克，一位名爲多傑．促敦．旺給的人向他求法，而此人日後成爲「四大法柱」中的第三位。之後，馬爾巴造訪南部的另一個地方，在那裡遇到一位名爲巴冉．巴瓦千的重要弟子。「巴瓦千」其實只是個暱稱，意思是「大脖子」。

如今，馬爾巴已經與好幾位心子都建立了關係。馬爾巴將喜金剛的教授傳予俄頓．卻多與梅敦．村波，將密集金剛的灌頂與教授以及「父續」圓滿次第的五階教授傳予多傑．促敦．旺給與馬爾巴．郭勒；巴冉．巴瓦千則領受了大幻化網的教授❶，以此方式，馬爾巴開創了在西藏弘法的條件①。

❶馬爾巴與眾弟子師徒之間的情誼緣份，可見於劉立千先生早年節譯的《馬爾巴譯師傳》以及西藏人民出版社一九八九年發行的簡體版《馬爾巴譯師傳》。

①馬爾巴在印度所領受的三種主要密續教法，分別為喜金剛、勝樂金剛與大幻化網。此三者與那洛六法和大手印教授，同為噶舉傳承的主要修持。

馬爾巴第二次造訪印度

在這段期間，馬爾巴將主要的弟子們安排就緒之後便準備第二次前往印度。

此時，馬爾巴已在西藏結婚生子。儘管如此，他仍然覺得有必要再返回印度，接續首次行訪的未竟之事。

馬爾巴除了要放下他對家庭的牽掛，還得籌措另一趟行旅的鉅額花費。在首次造訪印度之前，馬爾巴已繼承了父母的財產，並轉換爲十八兩（srang，西藏用語，或是thal，印度用語）的黃金❷。他當時將所有的物品都轉換爲黃金，是因爲這樣一來就只需攜帶一只小行囊，便可前往印度的險惡路途。

爲了再次造訪印度，馬爾巴費盡心力，一共籌措了五十兩黃金。之後，第三次造訪印度時，他籌措了一大碗金沙作爲供養，將教法與文典帶回西藏並加以翻譯，利益了無數的佛法行者。

在馬爾巴的首次行旅中，那位旅伴把他所有關於教法與口訣教授的書籍全都丟入了水裡；也就是說，當馬爾巴第一次返回西藏時，僅僅剩下他記在腦中的文典內容，身邊並沒有任何書面的法教：沒有成就法本、沒有儀軌、沒有釋論，什麼都沒有。因此，馬爾巴首次請法歸來後所傳的一切教授，全靠他詳盡的記憶。他覺得自己絕對有必要再回到印度，爲後進者取得這些文典的謄本，並且領受更多關於這些教法的其他口訣。

當馬爾巴即將展開二度行旅時，許多弟子都自願隨侍同往。但是馬爾巴並未應許，而是隻身前往。馬爾巴再次經過尼泊爾，並在那兒遇到兩位喇嘛。之後他繼續前往印度，再次拜見他的上師那洛巴。

❷西藏的黃金計量單位，二麻如為一色瓦，二十色瓦為一錢（sho），八錢為一兩（srang），四兩為一普涅。

馬爾巴自那洛巴處領受了喜金剛的三階灌頂。第一階稱爲「廣灌頂」；第二階稱爲「中灌頂」；第三階稱爲「略灌頂」。馬爾巴也領受了三密續，其中包括他在首次行旅時已領受的《喜金剛根本續》，他所領受的其他二部密續，乃是對此修持的更加詳細解說。而這最後的二部密續，更像是具有口語釋論的密續，但教法仍來自佛陀本身：一者稱爲《空行金剛帳續》，乃是專門闡釋《喜金剛續》的密續；另一者稱爲《桑布札續》，則是其他相關續法的概要解說。這些解說與釋論並非僅止於解釋術語，更進一步地提供了關於修持《喜金剛根本續》的甚深、精湛教授。

接著，那洛巴建議馬爾巴去拜訪其他的上師，並說明了原因：「上一次你來這裡時，領受了許多大師的法教，現在你應該前去拜訪那些大師，對你所學的教法請求釋疑並提出問題，同時你也應該從他們那裡求授你尚未領受過的其他教法。」

於是，馬爾巴先拜訪了偉大的上師梅紀巴。他從梅紀巴那裡領受了先前學過的所有教法，並且確認一切無誤。他不但領受了包括密集金剛的灌頂及釋論這些新的教法，同時也領受了佛陀所教關於大手印的密續，並將其翻譯爲藏文，這就是著名的《大手印明點續》。接著，馬爾巴暫時先回到那洛巴身邊，之然再前往拜見其他的上師——庫庫里巴與耶喜．寧波，複習先前這兩位上師所教的一切義理。

之後，馬爾巴仍待在那洛巴身邊一段時間，並再次領受勝樂金剛的教法。不過，馬爾巴這次所領受的，是不同於第一次的另一個傳承；該傳承稱爲「君王傳承」，係由佛陀傳予因陀羅菩提王的法脈。

領受此法之後，馬爾巴準備再次返回西藏。就在馬爾巴即將離開之際，那洛巴唱了一首非常奇特的餞別道歌，其意涵非常隱晦：

有一男子是天空中的花朵，有一不孕婦人之子騎著馬，手持龜毛之鞭。她有一把兔角做成的匕首，她在真實自性中殺敵。在殺敵的瞬間，啞子能說，瞎子能看，聾子能聽，跛子能跑能跳，日月皆在舞動。

當那洛巴唱完這首不尋常的道歌後，說道：「你務必再次返回印度，因為我還有許多的教授要給你。如果你不回來，就永遠無法了解這首道歌的意義。」當時馬爾巴並沒有機會請求釋疑，僅能全數記在心中。那洛巴說：「千萬不要忘記！」於是馬爾巴返回了西藏，雖然他記得道歌的全部內容，但卻一個字都不了解。

當馬爾巴抵達西藏時，他前往藏絨，亦即遇見梅敦・索南・嘉辰的地方。梅敦在宣說佛法與修行方面的氣質如光般閃耀，因此馬爾巴給予他勝樂金剛的灌頂與口訣教授，並將他更名為梅敦・村波。馬爾巴隨後返回洛札克的住所，在那裡遇見他最著名的弟子，亦即「第四法柱」——密勒日巴。馬爾巴派遣密勒日巴，為他的長子達瑪多鐵建造一座九層樓高的石塔。其間馬爾巴兩度要求他拆掉又重建，密勒日巴因此經歷了許多的困難與折磨。然而這些任務對密勒日巴的修道過程而言，的確有其必要性②。

在密勒日巴經歷了一次又一次重建高塔的嚴峻磨難後，馬爾巴才待他爲眞正的弟子，並指示他到自家附近的小山洞中修持。當密勒日巴在洛札克附近塔聶的山洞修行時，有一晚，馬爾巴做了個夢；夢中，他看見三位非常美麗的空行母吟唱著道歌，在歌詞裡，她們非常詳盡地解釋了那洛巴在他離開印度前所唱的道歌意涵。她們唱著：

男子是天空中的花朵，代表所有的智慧空行母。來自這些空行母的教授，稱為「空行耳傳法教」，乃是關於萬法空性的教授，由騎馬的不孕婦人之子所代表。修持這些教授後，心中會生起廣大功

②馬爾巴命令密勒日巴建造兩座石塔。密勒日巴每完成一座，馬爾巴便要他拆掉，將每一塊石頭搬回原處，再重新開始。第三座塔至今仍屹立於西藏。

德，這些廣大功德並非透過文字而獲得，而是透過對修持的實際理解，這就是龜毛之鞭所象徵的意義。殺死敵人的匕首代表萬法不生的自性；在真實本質中殺死敵人的是帝洛巴。當帝洛巴了悟萬法的真實自性時，他無法透過文字加以傳授，因此帝洛巴象徵啞子。開始看見的瞎子是那洛巴，因為那洛巴原本眼盲，是透過帝洛巴的教授才得以看見萬法實相。開始跑跳的跛子代表馬爾巴，因為在萬法的根本真實界中，他無法行動，是透過甚深的教授才能夠自在行動。最後，舞動的日月指的是諸本尊、喜金剛、勝樂金剛，以及大幻化網。

由於三位空行母在馬爾巴的夢境中出現，並予以解說，才使他了解到那洛巴奇特道歌中的一切象徵與意義。當馬爾巴醒來時，他突然覺得，這個夢所示現的是他應該盡速返回印度的徵兆。

在此同時，密勒日巴仍在附近閉關修持。一晚，密勒日巴夢見一位具有藍色皮膚的女孩，身上戴著骨飾，嘴唇上方還有著金色的細毛。女孩對他說道：「有個非常、非常重要的口訣教授，能夠不須經歷艱困而證得佛果，此乃是有關遷識與奪舍的教授，稱為頗瓦法。你務必要向上師求取，獲得此一口訣教授。」

於是，密勒日巴遂向馬爾巴請求這個教授；但由於馬爾巴此時還未從那洛巴領受此一修法，所以他認為這是應該盡速返回印度的另一個徵兆。

在這兩次的夢境之後，馬爾巴決定再次準備前往印度。如《智慧之雨》中所述[3]，馬爾巴的所有弟子都勸他別再去了。他們說：「您現在已不年輕了！上了年紀的人如果還要長途跋涉，將會是很辛苦的。您不是曾一再告訴我們，旅途過程中是何等地艱辛，此時您如果獨自前往，將會十分危險，若

③馬爾巴第三次造訪印度，其細節包括弟子們請求上師別去印度，而馬爾巴以道歌來回應。

出了任何差錯，我們將失去所有的教授。所以，請您別去，留在這裡吧！對於西藏目前所擁有的教法，我們已經心滿意足，別無所求。請留在這裡，派您的兒子達瑪多鐵去吧！」

雖然弟子們一再懇求，但是馬爾巴仍說：「不行，我一定要去，而且非得自己去不可！如果派遣兒子達瑪多鐵前往，他年紀還輕又沒有行旅的經驗，至於是否能夠尋得正確的教授〔還不得而知〕，再加上他自身的安危，這些都只會讓我更加擔心而已。所以，我必須自己去！不管如何，當初離開那洛巴時，我曾告訴他我會再回去，而不是派兒子過去。俗話說得好：就算商人年紀很大，仍舊是經驗豐富，由於他深諳此道，便不會惹上麻煩。我已是識途老馬，所以即使會喪命，我也要去！」接著，馬爾巴唱了以下這首道歌：

禮敬那洛巴與梅紀巴！此刻，我將再次造訪我的上師那洛巴。

我曾允諾前往，對我而言，此刻動身是非常重要的，空行母已為我指路。當我憶及上師，就不能不去，除了前往，我別無他法，雖然路途的確有其艱困。

首先是一片非常寬闊的綿長平原，其寬廣的程度即使馬匹橫越也會疲累。但是我不怕行旅其中，因為我有不共教授，能讓我以心來駕馭能量（風息）之馬。因此，我能輕易穿越這個平原。

在前往印度的途中，有許多高山隘口，非常寒冷，有時甚至冰凍。但是我不怕寒冷，因為我有拙火教授，能帶給我熾熱之火，任何種類的衣服都無法與之相比，因此，我知道印度之行不會有障礙。

尼泊爾極為炎熱，但是我並不害怕！因為我有視一切為一味的教授，無論是冷或熱，於我感受都相同。這比世間的任何對治都還要來得好，所以我不會畏懼。印度之行不會有障礙。

偉大的恆河極為寬闊可怖，但是我並不怕！因為我有能讓我飛行的教授，我能以心乘駕一切，任何船隻都比不上。因此，我將前往印度，並毫無障礙地跨越恆河。

雖然印度的蠻夷之地有許多饑荒，但是我並不擔憂，因為我有教授，能讓我以滴水維生，世間的食物或飲品都無法與此相比。因此，我將前往印度，一路上毫無障礙。

途中曠野偏僻之處，躲著盜匪與竊賊，但是我有教授，能令盜匪無害於我，普通世人的力氣都無法與之抗衡！因此，我將前往印度，一路將毫無障礙。

何以我要去印度呢？因為我的偉大上師那洛巴與梅紀巴都在印度，所以我要前往，還有庫庫里巴也在印度。此外，珍貴的大覺聖像也位在印度④。所以，不管發生什麼事、無論我的命運如何，即使得拿生命來交換，我也要去印度！

④此處指的是位於菩提迦耶、釋迦牟尼佛證悟的大佛殿與佛塔。〔中譯註：摩訶菩提塔，或稱大覺塔，其中的佛像據說是釋迦牟尼佛的等身相。〕

6
馬爾巴三度赴印

馬爾巴的第三次印度之行處處都是考驗，此行他必須經歷巨大的艱辛與困難，唯有仰賴他對上師十足的信心與虔敬，才能承受這樣的旅程。由於他曾發願要修學佛法，因而日益精勤修持，使得究竟證悟成爲觸手可及之事。

當抵達尼泊爾與印度的邊界時，馬爾巴遇到偉大的導師阿底峽。阿底峽是位很好的僧人，也是偉大的學者（班智達），馬爾巴對他生起極大的信心。阿底峽是馬爾巴在印度的十三位老師之一，他領受阿底峽所給的灌頂之後，便與尊者交談了起來。當馬爾巴問及那洛巴的住處時，阿底峽告訴他說：「他現在開始過著瑜伽士的生活。」對於大成就者而言，在生命的某些階段，他們會開始出現超越一般人所能理解的言行舉止①；大成就者們的所作所爲，皆在神通與非凡的境界中，其行爲會變得全然不可預測，我們甚至無法知道他們身在何方、如何造訪。他們可能住在山頂、海邊，或是湖畔。但在此一階段，深具信心的弟子有時或可值遇他的上師，但有時候即使深具信心，亦無從得見。阿底峽說明了那洛巴目前所採取的生活方式，並表示他目前極可能在教導非人的弟子（例如空行母與勇父）。因此，阿底峽補充道：「你可能很難見到他，實際上，那洛巴甚至不知道你來了。或許你不如待在我身邊一段時間，從事翻譯，然後返回西藏，或許那會是更好、更有利益的選擇。」

馬爾巴爲此訊息而感到悲傷，但是他說：「好吧，無論是否能再次見到

---

①金剛乘修持的不同位階，會相應而有不同類型的適切行止。傳統而言，大多數的修行者以及金剛乘的初學弟子，應致力於「普賢行」，因為其行止基本上為平靜與柔和、調伏與持戒。但在非常接近佛果位時，有一種稱為「尊勝行」的究竟行止。此類行止有許多不同的方式，可能會表現得極為喜悅，有時候則極度悲傷，或者是極度莊嚴，有時候也會極度悲慘。

尊勝行的作為有兩種原因。首先，它的成效在於能藉此（行為上）的改變而真正調伏弟子。由於這些高位階的修行者已接近佛果，如果弟子因為見到怪異行為而確實失去信心，修行者總能以示現神通來讓弟子回頭。因此，只有高度了證的人才能示現這類的瘋狂行徑。造作這類行為的第二個原因在於利益自己。藉由測試自己是否對他人的反應有所執著，或是在自己示現悲慘相時是否忽視了他人對自己的信心，或是當他人不再以敬相待時是否因而起了憂惱等等，來鍛鍊、磨利他們的了悟。因此這是為了在接近佛果位時測試自身的了悟，看看是否已全然捨棄自我，同時也以此為方便來調伏弟子的一種行止。

——創古仁波切開示

他，我都得去，因為上一次見到那洛巴時，我曾承諾要回來。」馬爾巴感受到一股非常強烈的信念，他直覺地認為，即使那洛巴已過著瑜伽士的生活，他仍然會再見到那洛巴。因此他繼續行旅，抵達了尼泊爾。

在尼泊爾，馬爾巴遇見過去旅程中所認識的兩位喇嘛，色謙喇嘛與盆札巴喇嘛。馬爾巴問他們上哪裡可以找得到那洛巴？他們的答案與阿底峽一樣，他們說道：「這段日子以來，那洛巴似乎過著大成就者的生活，因此很難遇見他，你甚至可能根本看不到他。」馬爾巴一聽，整個心頓時往下沉，感到極度的沮喪；但同時，馬爾巴又覺得他應該得再試試看，於是詢問兩位喇嘛：「依兩位之見，這表示我沒有機會再見到他了嗎？」兩位喇嘛回答：「你倒是有一項優勢，由於你是那種一直圓滿持守修道誓言的弟子，因此你與上師之間的連結完好無缺。此外，你的上師那洛巴具有洞悉一切的智慧，亦即最高層次的修道知見。因此，當弟子信守所有修道上的誓言，且上師具有修道上的見地，透過如此建立的連結，再加上你眞心的祈求與供養，就有可能見到那洛巴。」

於是馬爾巴繼續前行，抵達了印度。他直奔那洛巴的住所，找到那洛巴的侍者般若獅子。馬爾巴詢問侍者，但侍者說：「眞可惜，你來得太晚了。那洛巴在去年元月的十五日就離開了。」然後馬爾巴說：「好吧，我來是因爲奉命尋找空行耳傳法教。據你所知，目前在印度是否還會傳授此法？」侍者回答說，他聽過許多不同種類的教授，卻從沒聽說有這個教授。然而他補充說：「那洛巴離開時，曾說過你會來，還要我將他的金剛杵、鈴，以及你的本尊喜金剛之唐卡交給你；不幸的是，金剛杵與鈴被偷了，可是我仍非常小心地保存那副唐卡，唐卡在這兒。」侍者將唐卡交給馬爾巴。此時馬爾巴內心猛然生起對那洛巴不可思議的信心與虔敬，不禁潸然淚下。侍者接著告訴他，別忘記那洛巴具有智慧之眼，能夠看見他和聽見他的祈請。然後侍者說：「我相當確定，如果你向那洛巴祈求，就會遇見他。」接著，馬爾巴前往拜見梅紀巴，他的說法與前者大致相同：如果馬爾巴向那洛巴祈求，就有可能會遇見他。

然後，馬爾巴前往拜見他先前曾經受教的其他上師。他去拜見庫庫里巴及其他幾位上師，並且從上師們領受法教。他也向每一位上師請求，能否給他一個找到那洛巴的特別方法。所有的上師都口徑一致，表示如果他向那洛巴祈求，並且有足夠眞誠的信心與虔敬，就能夠遇見他。

馬爾巴繼續尋覓了八個月。有時候完全獨自一人，有時候則是色謙喇嘛與盆札巴喇嘛陪伴著他。他踏遍一片又一片的森林、一座又一座的高山，持續不斷地尋覓，但是始終找不到那洛巴。有時候，他會突然有種感覺，彷彿看見了那洛巴，或是聽見虛空中傳來他的話語，或是夢見他，但卻從未實際眞正見到他，不過那些都只是時有時無的感覺。

經過八個月的尋覓，馬爾巴已經瀕臨絕望。有一天，他滿懷沮喪地坐著閱讀法本時，突然有股極強烈的感受，感覺自己就快要遇見那洛巴了。他奮然躍起，奔入附近的林子裡，四處尋找那洛巴。突然間，他遇到一位牧羊人，並給牧羊人一大塊黃金，問他：「請告訴我，您是否見過、或聽過名叫那洛巴的人？」牧羊人指著岩石上的兩個腳印回答說：「我想他一定曾經到過這裡，因爲這些可能是他的腳印。」

一見到那洛巴的腳印，馬爾巴頓時感到無比歡欣，他對上師的虔敬也益發增強。他滿懷期盼地仰望天空，看見前方有棵美麗的檀香樹，就在檀香樹中，他看見完整的喜金剛壇城。壇城很小，卻具足所有的細節；壇城由喜金剛與九位本尊所組成，各自有其特有的顏色與手幟（法器）。馬爾巴立刻了解到，這必定是那洛巴的示現。因此，他向壇城禮拜、祈求以及獻供，然後，他看見喜金剛的佛母——無我佛母在壇城中。佛母心中有著喜金剛心咒所圍成的極小咒鬘，此咒輪實際有八個種子字，就在那裡，非常、非常的微小，卻相當清晰且完整；它是如此細緻，彷彿以毛髮尖端所繪一般。咒語放射出各色光芒，穿透馬爾巴的心間。當光芒進入時，馬爾巴感覺自己已領受到喜金剛身、語、意的所有加持，這當然使他充滿了極度的喜悅與歡欣，也更加強他對上師的企盼。他持續不斷地祈求那洛巴，刹那間，那洛巴出現在他面前，身上穿著滿是骨飾的大成就者之服，那洛巴說：「我來了，我來找你了。」

一見到那洛巴，馬爾巴簡直興奮得暈了過去。醒來之後，他立刻將他從西藏帶來的所有黃金獻上作爲曼達供養。但是那洛巴說：「我對黃金並不感興趣，也不需要黃金。」但是馬爾巴說道：「我知道上師您並不需要黃金，但我卻需要圓滿福德資糧；同時，在西藏所有助成這份供養的弟子與友人，也需要圓滿他們的福德資糧。因此，請爲了我們，收下供養吧！」

於是，那洛巴接受了供養並且說：「現在，我將這一切獻給我的上師與三寶。」那洛巴一邊說著，一邊將所有的黃金扔在森林各處。此時的馬爾巴，一方面對於上師接受他的供養感到非常快樂，另一方面卻覺得有些浪費了，因爲他是歷經了多少的艱難才蒐集到這些黃金，也想到弟子們爲了幫助他籌措黃金所經歷的所有困難。

接著，那洛巴雙手合十於胸前，做出祈求的姿態。他攤開雙手說：「別擔心，黃金並沒有浪費。我不需要它，但如果有人需要，它就在這裡。」說完之後，所有黃金又再度出現在他的手中；然後那洛巴又說了一次：「我不需要黃金，但如果有人需要，這裡就有一些。」他跺跺腳，周圍的一切全都變成了黃金。

之後，那洛巴說：「看來當初是帝洛巴的廣大慈悲，將你帶來我這裡的。」接著他引述帝洛巴對於馬爾巴所作的授記：「在普拉哈利的僧院，有著清淨慧識的偉大之子，將驅散具慧者馬爾巴——卻吉．羅卓心中的無明黑暗。它將驅散具慧者心中的黑暗，讓本智的偉大明光就此照耀。」

接著那洛巴補充說：「這表示我們要一同去普拉哈利（藏文，意指非常美麗而光彩炫爛的花朵），而我將傳予你所有的口訣教授。」於是這對心靈父子便一起前往普拉哈利。

在普拉哈利，馬爾巴向那洛巴請求賜予教授。他當時所要求的是空行耳傳，以及遷識和奪舍的頗瓦法。當馬爾巴作出祈求時，那洛巴詢問他何以會想要求第一個法：是出於他自己的想法？抑或空行母的授意？馬爾巴回答：「這並非我自己的想法，也不是空行母要我求取的，而是我的弟子聞喜（亦即密勒日巴）聽到空行母教他要領受這些法教。」然後，那洛巴說道：「這眞是令人讚歎啊！西藏本來是一處無人知曉佛陀教法的黑暗北地。但是，現在有個人出現了，如同於黑暗國度升起的太陽。我向這位名爲聞喜（密勒日巴）之人鞠躬禮敬。」於是那洛巴向北方低頭了三次。當他低頭時，山丘和樹木等一切景觀，皆形狀一致地彎向西藏所在的北方。

當馬爾巴與那洛巴一起在普拉哈利時，領受了幾種勝樂金剛修法的完整灌頂與教授：六十二尊壇城、十三尊壇城、五尊壇城，以及雙身的勝樂金剛壇城。就勝樂金剛壇城而言，灌頂的所依乃是多彩寶冠的彩砂壇城。馬爾巴也領受了金剛瑜伽母修法的壇城總集：十五尊壇城、七尊壇城、五尊壇城，以及單尊的金剛瑜伽母壇城。金剛瑜伽母的壇城圖像，係以黃砂所繪成。透過所有這些壇城的教授，馬爾巴領受了那洛巴的完整教授。

之後，那洛巴告訴馬爾巴，他過去所學的一切如同人的表層皮膚，而剛剛所教的乃是一切教法的精華。那洛巴指示馬爾巴說：「這個教法必須保持單一法脈的傳承，亦即一位上師只能傳予一位弟子，如是傳承下去。倘若能依此傳續十三代，將可使這個法教日後宏大興揚且廣大地利益眾生。」

馬爾巴全然確信自己領受了極爲特殊的修持法門。就他的理解而言，雖然現在仍與過去一樣，了悟的自性不變；但主要的差異在於，這些法門有助於非常快速地獲得了悟。那洛巴繼續說：

在過去的日子裡，我經歷了許多困難。我必須忍受十二大苦行以及二十四個相當艱辛的任務，這是上師帝洛巴為了考驗我的信心與虔敬所賜予的。你之前必須承受層層艱辛、面對種種恐懼，經歷了許多的困難，甚至冒著生命的危險三訪印度。但是帝洛巴告訴過我，你是能夠承受這些磨難的弟子，這就是我讓你經歷這些困難的緣由，現在我指定你成為我的法位繼承人。

接著那洛巴告訴馬爾巴：「現在，抬頭看看天空。那是九尊喜金剛的完整壇城。」當馬爾巴仰望時，看見頂上的天空裡，有著九尊喜金剛的完整壇城，異常清晰且鮮明難思。

然後那洛巴說：「現在你的本尊已然現前。你會先向誰頂禮呢？本尊？還是我？」

馬爾巴完全被眼前栩栩如生的本尊所懾服，因此他先頂禮了本尊。

那洛巴看了之後，淡淡地說：「沒有上師，就沒有任何的佛！賢劫的一切千佛，皆因依止上師而成佛，本尊只是上師的化現，你應當了解這一點。而你這次犯了個小錯誤，這表示你的家族傳承不會太長。」

雖然馬爾巴有七個兒子，但這表示他的宗族種嗣無法延續。但那洛巴補充說，由於馬爾巴先向本尊頂禮，意味著他的法嗣傳承將會非常優秀，只要佛陀的教法依然在世，這個法脈就會延續不斷。因此，那洛巴說：「隨喜！你的法脈將會非常傑出、非常壯大、非常久遠。」

然而，馬爾巴對此感到沮喪與苦惱，因爲他認爲：「這些年來我一直研修，很清楚地知道本尊不及上師來得重要。禪修時，我總是觀想自己爲本尊，頂上有上師，我很清楚地知道上師是最重要的。當我看見檀香樹中的本尊壇城時，也有非常強烈的覺受，但相較於後來遇見上師，對我而言，看見本尊的意義還不及一半。今天怎麼會犯下這樣的錯呢？我一定是哪裡出了問題。」

在這之後，當馬爾巴與那洛巴在一起時，身體就變得相當不適。所有的法友和那洛巴的弟子都說：「我們應該請求上師修法，改善你的健康狀況。」但是馬爾巴回答：「嗯，可能不太恰當吧，因爲我已將所有的一切都供養給上師，再也沒有其他能獻給上師作爲爲我祈福的東西了。但是我可以感覺到，如果這是佛法在西藏開展的好時機，我就不會死在這裡，如果護法眞正護持這些法教，就不會讓我死在印度。此外，任何治療都比不上祈求我的上師與三寶。」抱持這樣的心態，馬爾巴竟開始好轉，並且克服了病障。

然而，馬爾巴仍一直深陷於悲傷之中，爲了遣除馬爾巴的悲傷，那洛巴舉辦了一場盛大的薈供。在薈供中，那洛巴給了一些關於那洛六法的甚深教授，以顯示馬爾巴的福報有多麼的不可思議：

你具有珍貴人身，因此非常有福。然而更有福的是，你擁有修持拙火的教授，能夠藉此觀修本尊乃是僅為造作、幻相。你能夠禪修三脈與四輪，並透過這些禪修，獲得樂、明、空的覺受。你是否已從這些拙火教授獲得利益了呢？

你也擁有關於幻身的第二個教授。透過這個教授，你能夠禪修外在一切現象的空性。就內在而言，你會具有全然不可言說、無以文字表達的覺受。你是否發現這些幻身教授對你有所幫助呢？

你還有關於睡夢修法的第三個教授。透過此一修法，當你禪修位於喉間的「阿」字時，可以感覺到潛在的心識變得鮮活顯現。這些教授是否曾對你有所幫助呢？

你所領受的第四個教授，能讓你了知睡眠與夢境之間的片刻；在那片刻裡，心安住於真實的自性中，有著更為祥和的大明光覺受，此教授乃關於心的明性。這是否曾對你有所利益呢？

你也領受了第五個教授，了解到心識在死亡時必然會離開身軀，然而如果是透過八個次等竅孔（八門）之一而離開身軀，心就會回到輪迴中。若能經由第九個竅孔離去[②]，便會走上獲致大手印了悟的道途。這個頗瓦法的教授，是否曾對你有所助益呢？

②這裡指的是修頗瓦法。據說，若想要達到較高（層次）的投生，死亡時必須讓心透過頭頂的竅孔離開身體。如果透過其他的竅孔離開，例如眼睛、耳朵、嘴、或肛門，就會是較低（層次）的投生。

最後，你也領受了第六個教授。這個教授教導你如何利用夢境來學習面對中陰的狀態，而得以在中陰的過程中解脫，了悟報身或化身。這個中陰教授，是否曾對你有助益呢？

你所領受的這六個教授，都非常殊勝，沒有絲毫錯謬，不會造成誤導。這些就是最高層次的教授了，而你已全然領受，因此你現在沒有理由感到不快樂。

然後，那洛巴授權馬爾巴爲其法位繼承人，並且舉辦盛大的薈供，上師說道：

先前，我有特別的了悟，此刻，你也獲得相同的了悟，亦即：五蘊即是五方佛部，五煩惱即是五智。未來你在西藏將持舉顯、密的教法，尤其將令金剛乘的教法大放光明。

你的血脈傳承雖會中斷，但是法脈傳承卻將益發壯大；只要佛法依然住世，這些法脈的教法就永遠不會消褪。旁人或許認會為你有眾多的世俗貪著，但你清楚事實的真相，因為你已了悟萬法的自性。

他人會把你看成像是盤繞為結的蛇，但是蛇只需要鬆開自身，繩結便會自動消失。同樣的道理，從外相上來看，你似乎涉入了世俗之事，但由於你已了解萬法的真實自性，便沒有什麼可以束縛你，一切事物皆自行解脫。

那洛巴補充說，未來馬爾巴的法嗣將會非常地廣大而興盛。他說：「你的法嗣將如同大鵬金翅鳥、如同雪獅一般，後裔將勝過先人，子勝過父，曾孫勝過其父。當我們下次見面時，將永遠在一起，永不分離。因此，馬爾巴，別沮喪，要隨喜且非常開心。」

這些話其實是以散文的方式述說，不過那洛巴伴之以道歌，其內容則大致相同。

授權馬爾巴

那洛巴授權馬爾巴爲其法位繼承人。那洛巴還授記，馬爾巴未來將會在西藏建立非常壯大而興盛的法教傳承，其弟子眾將與日俱進且益發有成。因此，此法教傳承將有如大江之水，源遠流長。

當馬爾巴被授權爲那洛巴的代表並領受此一授記時，一方面非常開心，但同時也對於後續將發生的事情感到五味雜陳。他仍然得返回西藏，面對旅程中的所有艱難，這使得他感到不開心且有壓力。想到即將離開上師與法友，馬爾巴感覺悲從中來；但是，一想到能將所有的口訣教授與廣大教法帶回西藏，他又感到非常歡喜。

因此，在這悲喜交織的複雜心境中，他對那洛巴唱誦餞別之歌。他以仿似遠方蜂群嗡嗡聲的音調來唱誦：

上師們對眾生都非常慈悲。但是在所有的上師中，最慈悲的是我的上師，大班智達那洛巴，他是我頂戴的珠寶。

至於我，來自西藏的譯師馬爾巴，前來拜見那洛巴。事實上，此次在印度得以相見，歸因於過去所造的善德與許多的祈願；上師與我不只是相遇，更相伴了十六年又七個月。在這段期間，我們僅僅偶爾分離，在所有的相伴期間，我們的關係是如此的正向而美妙。上師從未對我示現任何的不悅或不滿。而弟子我總是盡己所能地尊敬上師。

我們一起留在普拉哈利的僧院。在僧院中，那洛巴給予我完整的四種灌頂，以及耳傳的完整傳承教授；除了這些教授外，我也修持了即身解脫的殊勝法門，了悟自心的究竟本性。現在，我必須返回西藏。由於上師授記我將能利益許多的眾生與弟子，並且已指定我為代表，我將非常歡喜地離開。

然而同時，我將會懷念三件事情：

首先，我會懷念所有教過我的大成就者們，尤其是那洛巴與梅紀巴。現在我必須離開印度的上師們，但是我會一直想起他們、憶念他們。

其次，我會懷念所有印度的師兄弟與師姊妹，尤其是我的法友吉美．札巴，還有其他我不得不離開的所有瑜伽士和瑜伽女。但是我會記得他們、想念他們。

我也會離開普拉哈利，以及其他所有大成就者們居住的殊勝之地。現在我要離開了，但是我會記得這些地方、想念這些地方。

馬爾巴繼續唱著，並提到在返回西藏的途中所害怕的三樣東西：

第一樣是恆河。恆河非常寬廣、非常難以跨越；即使現在想到，我還是會感到害怕。

此外，在印度與尼泊爾的邊界，有座名為烏希利的大山。這是一片廣大的沙漠，盜匪與竊賊常會埋伏其中，等待旅人經過；即使現在想到，我還是會感到害怕。

其後，在尼泊爾與西藏的邊界，有著難纏的關哨員；他們如此難以應付，即使現在想到，我還是會感到害怕。

就前往西藏的路途本身而言，我擔心這三件事情：

首先，必須越過數百條非常狹窄而陡峭的小路與橋梁；現在光是想到，我就感到害怕。

接著，是數百條非常高聳而嚴寒的隘口；現在光是想到，我就感到害怕。

最後，是數百個非常、非常漫長且彷彿毫無止盡的平原，一個接著一個；光是想到這個，我就感到害怕。

講完了三件令他害怕的事情後，馬爾巴補充了三個讓他感到非常開心的原因：

第一個原因是，我已充分學習所有的梵文，或許能聚集到許多的同行翻譯。

第二個高興的原因是，我已研讀數百種不同的密續和相關釋論，特別是《喜金剛續》和《大幻化網續》；一想到能聚集許多西藏的大學者一起討論這些，我就感到非常開心。

最後，我已領受數百種修持的口訣教授，特別是大幻化網的耳傳教授；一想到能聚集許多的大禪修者在我身邊，教導這些教法，我就感到非常開心。

然後，馬爾巴繼續唱到：

我已學習到三件殊勝的事情：

第一殊勝為，我領受了數百種關於中陰的教授。我領受的不只是教法的殊勝傳承，也包括使教法更豐富的一切教授與一切釋論。這些教授與釋論能加深人們對此修法的理解，我能領受這些教授，實在相當美妙！

第二殊勝為，我領受了數百種關於護持佛陀教法的護法教授，真是美妙啊！

我所領受的第三殊勝為一切密集金剛以及圓滿次第的五階甚深教授，我能領受關於此法的數百教授，真是美妙啊！

以是之故，我感到真實而由衷地開心。但是我怎麼有辦法能領受到這一切教授呢？全都是出於上師無比而深切的恩慈，如果沒有上師，我便不可能領受到任何的教授。目前我尚無法回報這樣的恩德。但是，返回西藏後，我將廣傳我所領受的一切教法，這是我回報上師大恩大慈的方式！

然後，馬爾巴祈求那洛巴與他永遠同在。馬爾巴說：「請您恆時安住在我的頂上，加持我在回程中不會遇到任何的大困難或大障礙。」馬爾巴總結道：「此生，我將不會再見到我的上師和法友；但是我祈求，來世我們能於淨土重逢。」

馬爾巴離開那洛巴後，前往拜見梅紀巴，自梅紀巴處領受了喜金剛灌頂。在灌頂的過程中，天空降下了花雨，不知從何處傳來了殊妙的檀香味，松木所燃的小火七天不曾中斷，虛空還傳來悅耳的妙音。

在此之後，梅紀巴給予馬爾巴勝樂金剛的灌頂。灌頂過程中，可以聽到勇父與空行母的歌聲。儀式到了施予食子的階段，有七頭紅色的野獸出現並接受食子，這些野獸乃是空行母與護法的化現。最後，梅紀巴告訴馬爾巴：「現在你已領受所有的教授，但千萬不可將這些教授給予印度的任何人。」

7
馬爾巴在西藏

馬爾巴經由尼泊爾回到西藏，返抵家門，結束了第三次，也就是最後一次的印度行旅。這部分的傳記，記載了馬爾巴是如何透過廣大的智識，得以爲他人引介能了悟萬法本然自性的最深修持。

馬爾巴在西藏竟日修行。然而，有些人對馬爾巴沒有信心，他們說：「嗯，他不過是去過印度罷了，實際上，他在那兒就只是學了一堆花招，不過是騙騙我們罷了；事實上，他完全沒變，依舊像過去一樣惡劣。」有許多類似這樣的惡意流言漸漸地傳開來，馬爾巴感覺到有一種針對其教言的極負面心態正在蔓延，爲了改變他們的看法，馬爾巴示現了部分從那洛巴教授中所學到的神通。

爲了進一步消除影響人心的負面心態，馬爾巴唱誦了一首道歌，以便釐清他自那洛巴處領受的各種教授：

我，譯師馬爾巴，曾前往印度，並在當地領受了所有最深的教法。我領受了密續之王的喜金剛續，由偉大的大班智達那洛巴親自傳授，我也領受了「四座」的所有教法，特別是其中關於遷識與奪舍的教授；此外，我也領受了睡夢禪修與大明光禪修的教授，以及所有釐清該法的論述。此外，我還領受了拙火教授，拙火乃是一切能了知心性的教授之王，這些全都是我在印度所領受到的法。

我領受了關於掌控自身能量的極珍貴教授，也學到如何讓自身免於病痛與疾患，並學到自己的身體即本尊的壇城，也領受了關於開展與增益生命風息之力及傳遞體內生命風息的所有系統教授。

現在，所有不信任、不喜歡我或是我的作為之人，應能夠領會我所領受教法的價值了，諸位對我不需再那麼不信任或沒信心了。

大部分的人聽見之後，隨即對馬爾巴所領受的教法生起極大的恭敬心，他們明白了這些都是密續的極深教法。故而，他們開始理解到這些教法的價值，並且生起想要修持的強烈欲望；藉由這首道歌，馬爾巴的許多弟子得以修持有成。

在原始文本的第七章之後，有一個馬爾巴所舉的有趣例子，是關於我們應如何修持佛法。這個例子是：

很久以前，在印度有個小島，距離陸地要好幾天的帆船航程。這個小島以富含鑽石、黃金等珍寶而聞名，因此曾有許多的人（慕名）前往；雖然前往者眾，但是他們必須面對諸如大風暴及其他眾多艱難的危險等，才能抵達。

想像一下，千里跋涉且沿途困難重重，但是抵達小島後，卻忘記我們為何而來？如果我們忘記了，就永遠找不到寶石或黃金，以致空手而歸。我們就像傻子，費盡千辛萬苦後，卻白白浪費了大好良機，等我們回過神來，只得再回頭去尋找寶石。

同理，我們現在就有著大好良機，所有的寶石都在我們面前。唯一所要做的，就是記住它們，這可是我們的大好機會；如果想著：「好吧，或許我等一下再做也不遲。」可能我們再也沒有下一次的機會了。所以，我們要當下把握機會，不散漫也不放逸，因為這是我們的大好時機。

我們的一切行止，都絕對不可懈怠與放逸；無論是領受教法、禪修、持咒，或是祈願，我們應盡可能地謹慎且如法，千萬別想著：「這個不怎麼重要。」我們必須引領自己的身、語、意趨向佛法。全心投入修行，並想著這就是我們現在所要做的事情，若能如此，那我們精勤努力的目標，當然就能成辦。

密勒日巴在一首詩中提到：懈怠是我們的敵人。懈怠像個熟睡的屍體，對任何人而言都是毫無利益的休息；懈怠說服我們，什麼事都不做反而可能比較好。這樣的行為看上去好像非常地愉悅，但事實上，卻是極為短視的，因為長久下去，此種心態往往會傷害我們，實際上只會讓生活變得更加困難。所以，密勒日巴繼續說：「懈怠是主要的障礙，是使我們無法如理修行的障礙。」也就是說，懈怠無法讓我們減少痛苦。如果相信懈怠是主要的障礙，我們就必須竭盡所能地拒斥懈怠。

8

馬爾巴痛失愛子

前一章告訴我們，馬爾巴在西藏建立了教法。由前面幾章可以得知，馬爾巴雖然有七個兒子，卻無法延續家族的傳承，但是法脈的傳承卻會非常廣大。接下來講的是關於馬爾巴的兒子達瑪多鐵的故事。達瑪多鐵之死，中斷了馬爾巴自印度帶回的若干重要傳承，也就是四個關於拋射心識的口訣，以及幾個關於心識再次進入身軀的口訣。由於達瑪多鐵死亡的這個障礙，奪舍的教法並未像其他許多教法那樣在西藏弘揚，也鮮少有人修持，導致這些教法無法在西藏廣泛弘揚與修持。

當然，達瑪多鐵的死，使得馬爾巴和妻子以及弟子們都感到非常的悲傷。此事固然令人非常痛苦，但卻有一個正面的效果，就是讓其他所有留下的人皆逐漸地生起極爲深切的出離心。馬爾巴有七個兒子，其中六個都資質平庸，不具有廣大的智識、勇氣或慈悲。然而，達瑪多鐵卻相當出色。

在馬爾巴最後一次離開印度前，那洛巴曾勸告馬爾巴，要他與兒子進行三年閉關，並將他所領受的一切教授完全傳予兒子。因此，馬爾巴與兒子就

在洛札克村開始進行這次的閉關。就在他們閉關時，附近正在慶祝一個非常特別的節日。有人造訪馬爾巴的家並邀請馬爾巴，同時表示如果他無法參加，他們就邀請他的兒子，還堅持要他們兩人之一務必參加。馬爾巴的妻子告訴訪客，根據那洛巴的建議，他們必須進行三年閉關，因此無法參加慶典，但還是會派馬爾巴一位親近的弟子參加。

然而，邪魔直接侵擾了達瑪多鐵，讓他突然變得迫不及待地想要參加，覺得自己正值黃金年華，而此慶典將是他年輕歲月的亮點。既然年輕又健康，他想：「我爲什麼不能去享受一下？」想去的衝動亦趨強烈，當晚他就夢見一位老婦人，雙手拄著拐杖，說她眞的十分想去，所以正在前往慶典的路上。達瑪多鐵心想：「好吧，連老婆婆都想去了，況且我比她年輕多了，應該要到那裡去享受一下。」

隔天，達瑪多鐵告訴父母，他眞的很想去參加慶典。父母當然知道這不是件好事，所以不想讓他出門，但最終還是退讓了。雙親告誡他說：「好吧，你若要去，有幾件事無論如何絕對不能做。」「首先，不能坐在主座。」在西藏，主座是最靠近所有活動的第一排，「此外，不能教導佛法；最後，不能喝酒也不能騎馬。」然後他們說：「如果你答應，就讓你去。」達瑪多鐵答應這些條件後，便整裝出發了。

當達瑪多鐵抵達慶典時，人們開始議論：「那人是誰？」當眾人發現他是偉大的馬爾巴之子時，他們說：「噢，請您務必坐在首席。」於是他們將達瑪多鐵安排到最好的位置。當達瑪多鐵坐定後，有些人就說：「嗯，你應該講點佛法給我們聽，說幾句話吧！」想當然爾，他開始講了，而且說了很多。講了這麼多話之後，他感到口渴，有個人過來，遞給他一些啤酒，他這裡一點、那裡一點地淺嘗著，最終還是喝了很多酒。他的舅父也來參加慶典，還牽來一匹駿馬，人們就說：「喔，你一定要試試這匹馬。雖然你擅長修行，但是光成爲修行高手是不夠的，你也應該試著開展一些身體的能力，讓我們看看你的馬術吧！」眾人們繼續說：「你一定要試試那匹馬。」達瑪多鐵記起父母的叮嚀，心想：「我不能去。」可是當下所有的情勢都將他推向去賽馬，於是他說：「好吧，我試試看。」

在此同時，馬爾巴的弟子密勒日巴也在慶典中，他發現達瑪多鐵眞的給沖昏頭了，而且數度違犯雙親的告誡，於是他對達瑪多鐵說：「來吧，我們該回去了，回去比較好。」

然而，達瑪多鐵仍舊想要騎馬，此時他已經喝得太多，無法好好跨上馬背。由於馬仍被繩索綁著，他遂向其他人說：「你們先騎，我會跟上。」其他人便先騎走了。正當達瑪多鐵跨上了馬背準備騎馬時，一隻飛過的鳥因受驚突然尖叫了起來，聲音像烏鴉那樣大聲又刺耳，這可把馬兒嚇壞了，馬情急往後一蹬，就將達瑪多鐵拋到地上，倒頭撞地。據說當他父母抵達時，他的頭已經碎成八塊。

達瑪多鐵的母親央求馬爾巴想想辦法，因爲他精通醫術。此時，馬爾巴不得不承認他已無計可施，但是他對兒子說：「請別忘失你的教授。」但那時候，達瑪多鐵已經無法自主，神識來往飄移。

馬爾巴曾對兒子寄予厚望，希冀他能繼承教法、幫助許許多多的眾生成就解脫。現在的他只感到極度的悲傷與沮喪。同一時間，城裡有一對夫婦不久前才痛失愛子，仍處於深切的悲傷中。馬爾巴曾勸誡他們，死亡不過是輪迴萬法的自性，輪迴有如幻相或夢境，愛子之死應作如夢觀：孩子在夢中出生，在夢中死去。這對夫婦聽聞了馬爾巴之子的死訊，前來探望並非常恭敬地說：「但是，令郎之死也不過是個夢境、是個幻相。」馬爾巴回答：「誠然如此。但這卻是夢境中的極大夢境，幻相中的極大幻相。」接著他補充說：「我並不是因為天人永隔而痛苦，也不是因為擔心他墮入三惡道而痛苦；我會痛苦是因為，他的死對眾生與佛法的廣大利益，是個巨大的損失。」由於馬爾巴和達瑪多鐵的了悟，這個逆境對他們個人而言都不是什麼問題。達瑪多鐵在神識游移來往之時說道：「毋須如此悲傷。」他還唱了這首道歌：

人總有一死。但此刻，透過父親馬爾巴的極大恩德，他所給予的教授，使我在死亡時沒有任何痛苦。因此，對於死亡我毫無憂慮！唯一擔憂的是，我將無法回報父母的深切恩慈。我對臨終要求是「請勿憂惱」。我從未忘失慈父所賜的教授，包括密續教法及相關釋論，還有那洛六法，這些教法皆全然鮮明地在我心中。我對中陰及來世無所恐懼。

現在我祈願，希望來世我們皆能於淨土相逢。

由於達瑪多鐵持有將心識拋射、遷入亡體並藉由亡者復生的教授，他請求馬爾巴的其他弟子，幫他找一具屍體，於是他們開始尋找，卻一直無法覓得合適的屍體。他們在墓地只能找到一個小孩的屍體。當那對父母看到小孩的屍體在動時，相當惶恐不安，認爲是有鬼魅要佔據這個身軀；他們嚇壞了，遂用針刺瞎小孩的雙眼。因此，馬爾巴的兒子並未進入那一具屍體。由於達瑪多鐵並未進入另一個人身，使得拋射心識令死後復生的奪舍教授，從此不再西藏弘傳。

之後，達瑪多鐵將他的心識遷入鴿子的屍身，並且飛往印度，降落在寒林（尸陀林）。在那裡，達瑪多鐵找到並進入了一個婆羅門種姓小孩的屍體。當死屍坐起來，而且開始走路時，送葬的人們都嚇壞了，幸好達瑪多鐵能說些當地方言，他說：「別擔心，我不是鬼。我只是死而復生。」

送葬的人們驚訝得不得了，眾人將小孩帶回給他的父母，而父母也因孩子回來而喜出望外。當然不久後，他們發現孩子跟從前不大一樣，似乎具有以前所沒有的特質，思考方式和從前那個孩子完全不同，現在這孩子表現非常出色。於是他們問孩子各種的問題，而這孩子也將故事全盤托出。他告訴他們，自己將心識遷移到鴿子的屍身，再從鴿子的屍身移轉到他們兒子的屍體。於是，他被取名爲底普巴，意思是「鴿者」。❶

此時在西藏的每個人都爲這事故而感到悲傷不已。達瑪多鐵的母親達美瑪與馬爾巴和所有的弟子，皆因達瑪多鐵之死而深陷悲傷①。在痛苦達到無以復加的時刻，馬爾巴吟唱了道歌，試圖驅散眾人的哀痛。他唱著：

❶依據《馬爾巴譯師傳》，達瑪多鐵曾多次試圖遵守他與雙親的約定，但仍難以拒絕眾人之邀，以致造成後來的後果，而他也為此深切懺悔。馬爾巴曾說：「我兒要不死，有助於佛教，有利益眾生。他是『夢中之奇夢，幻中之奇幻。』」。達瑪多鐵後來成為印度的成就上師，稱為「底普密咒主」，他的故事是由密勒日巴的弟子惹瓊巴將其傳開。

①我們可能會疑惑，馬爾巴既是個成就者，為何也會對兒子之死感到非常悲傷。馬爾巴確實是成就者，但成就者亦可示現悲傷，亦可示現病痛。在體證到法性實相時，世俗面的實際狀態並不會因此消失。雖然成就者能夠洞悉世俗顯相，但這些顯相仍非常鮮明，成就者不時示現悲傷或快樂、病痛或健康，實屬合宜。我們也必須辨別經乘所說的佛性以及金剛乘所說的佛性。經乘（顯教）之佛性可比擬為孵蛋的大鵬金翅鳥。在此譬喻中，蛋是修行者在世時的肉身，大鵬金翅鳥為其佛果或了悟。當成就者死亡時，心與身分離而獲致圓滿佛果。就釋迦牟尼佛而言，其身是因他於無數時間或三大阿僧祇劫內積聚資糧而來的業熟之果，並使得他能於最後一生獲致證悟。因此，祂的肉身具有三十二大人相、八十隨形好等圓滿身相。

然而，對於透過金剛乘修持而獲致佛果的人來說，修行者係因現證萬法自性而於一世之中成就佛果位。但他們是在身體、性情或個性皆承襲業力的情況下體證佛果，而這些（身體、性情或個性）或多或少都會持續到臨終。這就是成就者或許偶爾會顯得悲傷的原因。

——創古仁波切開示

是的，我們失去了一個非常特別的兒子——達瑪多鐵。但是我們必須了解，世間萬物與生命就像這樣，一切只不過是幻相；達瑪多鐵之死，已揭示得非常清楚。事物的止滅是緣起法的自性之一，對我們來說，這是個非常清晰的例子。因此，我們不應悲傷。

更重要的是，我們應修持佛法。我們持有最稀有、最殊勝的教法之寶。我們持有一切耳傳的教授，以及所有密續的教法。雖然失去了達瑪多鐵，但我們一定要實修這些教法。

那洛巴曾經授記，我的血脈傳承將會中斷，但是他同時授記，我的法脈傳承將會非常壯大且非常傑出。因此我們現在要做的，就是致力於不只短期，而是極長遠來看，都能為眾生帶來廣大利益的〔事業〕。

聽到馬爾巴這麼說，達美瑪與所有弟子都感受到非常、非常強烈的出離心，並且深切地發願要致力於虔誠的修持。從那時起，他們都開始以極大的強烈精進心修持佛法。

在馬爾巴的傳記中，記載了馬爾巴、達美瑪、弟子們因達瑪多鐵之死所承受的巨大痛苦，作爲我們修行人要如何面對各自處境的範例。雖然我們值遇偉大上師、領受卓越教法，仍然會遇到障礙以及極端惡劣的違緣。當障礙與痛苦產生時，我們會想：「爲什麼會發生在我的身上？我是修行人，這不該發生啊！」，然後我們會開始自責，覺得一定是修行出了什麼問題？但這種狀況可能會發生在我們個人身上，或是整個修道的團體當中。重要的是要了解——障礙的顯現並不會與佛法的修道相違；我們能透過佛法的修持眞正去克服障礙，而克服障礙的意思是：我們會眞實修持到某一個程度，使得這些障礙對我們的修行及俗務都無法造成傷害。

馬爾巴教法的傳揚

有一天，馬爾巴和一些弟子在一起。幾個主要弟子詢問關於馬爾巴噶舉傳承的展望，他們說：「現在，令郎，亦即大菩薩達瑪多鐵，已離我們而去，而您也逐漸衰老。我們擔憂未來要如何傳續此口耳傳承的教法。」

馬爾巴重述了那洛巴的授記，說他家族的傳承將會終止，但是法脈的傳承卻會極為興盛。因此馬爾巴說：「為了確切觀察未來的發展，我希望各位留意今晚的夢境。」

眾弟子的夢境中，密勒日巴所作的夢境特別具有意義。密勒日巴以道歌的方式述說了這個夢境：

我遵照上師的指示觀察夢境，以下是我所看到的：

在西藏中央，我看見一座非常高的雪山直指天際，日、月各自

佔據山峰的一側。

往東邊，我看到一根巨梁，有一頭獅子站在梁頂上。獅子的鬃毛十分茂密，也十分亮麗。獅子凝視虛空，然後躍上了雪山。

往南，我看到另一根梁柱，上頭站著一隻老虎，發出震耳欲聾的吼聲。牠有著相當出色的皮毛，斑紋的排列非常美妙。然後，老虎躍入了林中。

西邊，有一隻大鵬金翅鳥站在另一根梁柱上。大鵬金翅鳥的羽翼龐大，牠凝視虛空，接著飛入了天際。

北邊，有一隻鷲鳥站在另一根梁柱上。我看見鷲鳥生出了許多的鷲雛，這些鷲雛又生出了其他的鷲雛，直到最後整個天空都布滿了翱翔的鷲鳥。最後，鷲鳥們還在岩石上築巢。

當密勒日巴描述完他的夢境時，說道：「這就是我所看見的。我覺得這應該是個好夢，但希望上師能仁慈解夢，看看夢境是好或是壞？」

馬爾巴於是解說了夢境：

雪山是我自己，馬爾巴。雪山雄偉，表示噶舉傳承會有極好的發展。雪山直指向天，顯示大手印的見地非常深邃。日月各據雪山的一側，象徵禪修中能覺受到心的光耀明性。

每一根梁柱都代表我的一位心子。東邊的梁柱代表多傑·促敦。柱上的獅子表示多傑·促敦具有獅子般全然無懼的功德；其非凡的修持功德，任何人都比不上。

南邊的梁柱代表我的另一位弟子，俄頓·卻多。柱上的老虎表示他具有老虎般的功德；虎皮上非常美麗而清晰的紋路，表示他會將耳傳教授保留得非常清淨無染。

西邊的梁柱代表梅敦·村波，其殊勝的功德如同大鵬金翅鳥。大鵬金翅鳥飛入天際，表示梅敦·村波的見地如天空般廣大遼闊。

北邊的梁柱代表我的另一位弟子，密勒日巴，其殊勝的功德如同鷲鳥②。鷲鳥生出了鷲雛，代表密勒日巴將會有非常傑出的弟子眾；鷲鳥布滿了天空，代表密勒日巴的教法將滿布世界、遍傳各地。他將會有許多非常、非常傑出的弟子，有些甚至能青出於藍，這些弟子們的徒眾甚至會更為優秀，因此法脈將日益增上。在夢境中，鷲鳥在岩石上降落、在岩石上築巢，代表密勒日巴的壽量無礙，能夠相當長壽。

有了這番啟示之後，弟子們更加用心地修持所有的教授。他們一向恭敬對待這些教授，但此刻則更加精進、日夜密集地修持。

②同於西方，鷲鳥被視為非常吉祥的鳥，和吉兆有關，比較類似美國對於老鷹的看法。〔中譯註：此處若照英文翻譯，vulture 為禿鷹之意，但依舊譯——如「靈鷲山」——而翻譯為「鷲鳥」。〕

接著，馬爾巴開始考量要如何將各種教授分配予主要弟子，又要怎樣以最好的方式利益未來的眾生。馬爾巴思索著該將哪一殊勝教授傳予誰，另一教授又傳予誰。他決定檢視徵兆，由徵兆來指示每一部教法的最佳傳續人選。

某個清晨，馬爾巴開始檢視徵兆，他入定觀察每位心子當下的作為。其所觀察到的，對於他應如何傳遞教法，是種有力的指示。馬爾巴看見俄頓．卻多致力於喜金剛續的釋論研修；同時，他看見多傑．促敦．旺給正在修持遷識；馬爾巴看見梅敦．村波正在修持心性明光的教授；最後，他看見密勒日巴在修拙火。對他來說，這顯示了各個方面的教法應由誰來專修，最後他決定依據所見的檢視徵兆，將相應的教授給予每位弟子。

決定傳法的方式之後，馬爾巴開始將各種教授分別傳予四位主要弟子。他將喜金剛與勝樂金剛的完整教授傳予俄頓．卻多；這些教授不僅是一般的儀軌讀誦或灌頂，更是密續各種不同形式的極精要、極詳盡教授。為了幫助俄頓．卻多在修法上有所進步，並且作為他守護修法三昧耶戒的依止，馬爾巴賜予他那洛巴的六骨飾與紅寶石念珠，以及馬爾巴自己的原始密續謄本。馬爾巴告訴俄頓．卻多：「日後你將透過解釋密續來利益眾生，請盡全力做好闡釋吧！」

馬爾巴將頗瓦法、或稱遷識法的完整教授傳予促敦．旺給。由於促敦．旺給專修頗瓦法，馬爾巴賜予他一些那洛巴的頭髮，以及那洛巴常戴在頭上的五骨寶冠。馬爾巴告訴促敦．旺給：「你將透過遷識的獨特法門來利益眾生，全力朝此方向努力吧！」

馬爾巴將心性明光的所有教授傳予梅敦．村波。為了幫助他通達這些教授，馬爾巴將那洛巴過去所用的金剛杵、鈴，以及小手鼓都給了他，並囑咐他弘揚中陰的教法。

最後，馬爾巴將所有的拙火教授都傳予密勒日巴。由於密勒日巴專修此法，馬爾巴因而賜予他那洛巴的衣服，此乃了悟大手印見地的吉祥象徵，同時也賜予他梅紀巴的帽子，並告訴他前往僻靜之處居住，修持拙火教授直到圓滿了悟見地與禪修。馬爾巴說：「這是你利益一切眾生的方式。」

在馬爾巴賜予各種教法後，大多弟子皆各自返回住處而進行修持；但是，馬爾巴囑咐密勒日巴要做短時間的停留。雖然馬爾巴已將其所有教法傳予每位心子，但是他遵照那洛巴的授記，將教誡封印③所守護的勝樂金剛口耳傳承其特定灌頂、口傳與講解傳予了密勒日巴。

③「教誡封印」（command seal）是關於傳授教法的限制，亦即將某一教法保密而封印。這個詞彙是用於性質最為殊勝的教授，只能授予堪能領受的弟子；再由這些弟子堅定致力地修持，並且傳予下一代的具格者。因此，具有教誡封印教授，不會隨意傳予前來求法的任何人。有些教授則可賜予任何人，無論其對教法是否有信心、是否會加以修持。但這些（具教誡封印的）教法是不同的。

9

馬爾巴以神通傳法

修道傳記的第三部分，描述馬爾巴透過甚深的了悟，而得以示現持有最高證悟的各種神通；馬爾巴示現神通，是爲了激勵弟子對修道的信心，因此，即使是一般人，也能見證到馬爾巴甚深了悟的徵兆。

直至今日，仍可驗證到馬爾巴最不可思議的神通，亦即其所開創的非凡法脈。試想，從馬爾巴的時代以來，所有已證得究竟了悟的人、更多證得部分修道成就的人，以及許多因爲馬爾巴而開始修行的人，這本身就是非常殊勝的成就，因此也可說是馬爾巴自身了悟的神通。

馬爾巴教法的殊勝功德在於，它能夠眞正說明如何達到了悟。修學這些教法，就有可能拋棄負面情緒，眞正離於痛苦。許多時候，這種境界看似遙不可及，幾乎無法做到。通常我們都覺得，煩惱在心中是根深柢固的，要讓心思清明似乎希望渺茫；但是，有了馬爾巴透過傳承所傳續給我們的殊勝教授，要消除這些擾亂自身的煩惱，的確是指日可待的。

修道上的成就有兩種基本面向：世俗的面向與圓滿了悟的殊勝面向。一旦知道有偉大的上師已成就了這些目標，就會發現我們也極有可能圓滿這些目標。偉大上師所傳給我們的甚深教法，讓成就變得唾手可得，並且讓我們有可能親自證得；雖然目標看似遙遠，然而馬爾巴的教法卻透過了神通，拉近這看似深廣的鴻溝。

談到馬爾巴的神通，可能會認爲所指的是他身體所展現的神通，或是千里眼等這些透過心的力量所展現的神通；然而事實上，其中最偉大、最不可思議的神通，即是馬爾巴能夠向許多眾生示現證悟的可能性。

馬爾巴已涅槃千年，但我們現今仍持有這些教法，我們仍能修行極深的那洛六法、大手印教授等等，這就是馬爾巴法行事業的直接結果。因此，我們可以達到任何層級的修道成就，端視我們〔付出多少〕的勤奮與精力。修道成就不僅是在文字及概念上對修行有所理解，更是親自覺受到眞正遠離負面情緒、眞正理解實相的能力；這一切之所以可能，皆有賴於馬爾巴的證悟事業，以此觀之，這是他最偉大的神通。

身體（物質）上的神通，能激勵見證者生起更多的信心與虔敬，但是此等神通的效益是短暫的。相對而言，最殊勝的「語神通」則有無盡的效益。從教法的首次傳授，直到佛陀教法從世界上消失為止，任何人都能修持這些教法而獲致成果。

言語上的神通超越其他一切神通，因為其效益與佛陀教法同在。事實上，這些教法的口語傳承不只保留了下來，還更持續地不斷益加擴展。

這並非意味著馬爾巴只能示現此類最殊勝的神通，在他的自傳裡清楚地描述到，他也曾展現不可思議的「一般神通」；就連密勒日巴也多次體驗到馬爾巴的神通。有時候，當密勒日巴拜見馬爾巴時，他發覺馬爾巴示現為本尊之一；有時候什麼都看不見，因為他的身體完全隱形；其他時候，密勒日巴則看見馬爾巴示現為燦爛的明光及彩虹。每當馬爾巴示現這類神通時，他會問密勒日巴：「你看見我的神通了嗎？你相信神通嗎？」密勒日巴則回答：「是的，我看得出來您是非常殊勝的上師，我確實看見您的神通。我不得不相信。」

馬爾巴有時候也會向其他的弟子示現神通。馬爾巴・郭勒有時候見到馬爾巴示現爲喜金剛，有時候，他和其他弟子會看見馬爾巴示現爲勝樂金剛、密集金剛或金剛亥母。一些弟子見到馬爾巴示現各種身相時，會提出一些問題，例如：「爲什麼我們見到您現爲喜金剛或勝樂金剛？」馬爾巴會回答像是：「嗯，你看見我的示現，大概是因爲當時我正在觀想那位本尊；但在同一時間，你必定也對我具有非常開放且全然的信任。當這兩個因素相應時，便會造成你所看見的淨相。」

某些弟子並沒有見過馬爾巴示現爲各種本尊，而是見到一些非常不尋常的東西。有時候當馬爾巴打坐時，他們會見到大火、非常清澈的水、彩虹，或是只有亮光。這些弟子詢問馬爾巴：「我們沒看見您示現爲本尊，卻看見了清澈的水、火，或是光。這代表什麼呢？這表示我們不清淨？還是清淨呢？」馬爾巴以一首道歌來說明：

在淨化的過程中，人體的整個系統都在轉變，當中的細微內脈，以及流動其中的所有生命風息或能量，必須經歷完整的淨化過程；在發生轉變時，可能會看到這些基本元素（大種），就如弟子們所見一般。

我們的體內有一條中脈，而能量在中脈裡循環。這些生命能量驅動著菩提心，亦即主要的生命能量。當我們禪修時，尤其是結合各種姿勢與動作的拙火修持，我們的心處於非常明澈的狀態，在那時，已充分開展心性的修道者，可能會看見如光、火、彩虹等。

有時候，馬爾巴待在門窗緊閉的房間裡，卻有人看見他穿牆而過，如入無人之境。馬爾巴其中一個兒子常開玩笑說：「噢，你如果當小偷就太方便了，來去自如，牆壁或其他東西都不能阻擋你。」

此乃馬爾巴以清淨身、語、意示現神通的概述。此處只略作概述，因爲最重要的是馬爾巴所留下的教法，而那是我們能親身體驗的。馬爾巴的教法能激發並開展我們的信心，其他的神通對我們的信心來說，不會造成巨大的差別。

以上總結了馬爾巴生平故事的第三部分。

10

馬爾巴示現涅槃

修道傳記的第四部分，講述馬爾巴示現涅槃。在馬爾巴的修道傳記或「南塔」中，這個簡短章節的眞正標題爲：「在致力於教法與一切眾生之後，馬爾巴的身軀如何隱入法界」。此章節對馬爾巴圓寂的描述，符合了藏文「南塔」的字面意義——「全然解脫」。

馬爾巴進入涅槃，是發生在藏曆某年的正月十五日黎明，那是太陽剛剛到達附近山頂之時❶。馬爾巴享年八十八歲。此時的他一點病痛也沒有，並感到無比的快樂和喜悅；他囑付弟子馬爾巴·郭勒去準備許多莊嚴的供品，那天馬爾巴看起來非常快樂，他面帶微笑，就像供養時那般的合掌胸前，說道：「現在我可以走了，到那洛巴及所有勇父、空行母那兒。」接著，馬爾巴在禪定中示現涅槃。據說當他涅槃時，出現了許多美麗的景象，如天空突然充滿彩虹、降下花雨，人們聽到極不尋常的聖樂，聞到美妙非凡的香氣。從馬爾巴的頂輪放出一道五色光芒，遍滿整個天空，他的妻子達美瑪則化光融入了馬爾巴。這就是馬爾巴入滅的過程。

馬爾巴的修道傳記已達尾聲，重要的是應該謹記，馬爾巴對多數人示現的是凡夫相。他只對心性成熟、堪能理解的親近弟子示現神通，和做出獨特的事情。

馬爾巴在印度有十三位上師，主要為那洛巴、梅紀巴、庫庫里巴，以及耶喜·寧波。馬爾巴有七個兒子，其中只有達瑪多鐵一人眞正對佛法有舉足輕重的地位，其他的兒子在佛法方面不甚出色。因此，那洛巴的授記是正確的，馬爾巴沒有家族傳承，卻有興盛的法子傳承。馬爾巴有八位主要弟子，其中四位稱爲「教法四柱」，而四位與馬爾巴過去世有殊勝業緣者，則稱爲「具緣四徒」。

❶學界對於馬爾巴的生卒年份和日期有著不同的看法，其中一說是雞年七月十五日圓寂。依照本覺維基（Rigpa Wiki）則是一〇一二至一〇九七。

創巴（Trungpa）傳承的勝樂金剛教法

我們看待此修道傳記的觀點，可能著重於馬爾巴的出生、學習、修行、傳法與涅槃時的情形。然而，如果超越世俗的顯相來看，便會發現，從馬爾巴自傳中簡短的提到，馬爾巴的前世爲印度成就者東比・嘿嚕嘎❷。這位成就者以老虎爲座騎，拿毒蛇爲鞭子。在那一世之後，他投生爲馬爾巴，而此世之後，他再次投生到西藏，成爲創瑪思・羅卓・仁謙。創瑪思・羅卓・仁謙爲第五世噶瑪巴，德新・謝巴的弟子。噶瑪巴曾說過，在他持有的許多甚深傳承中，勝樂金剛傳承是最深奧的法。噶瑪巴囑咐創瑪思・羅卓・仁謙持守並保護這個傳承。創巴祖古的傳承，便是創瑪思・羅卓・仁謙身、語、意的化現。

所以，雖然我們講述了馬爾巴生平的外在境遇，但我們實際上講的是創巴仁波切①。在創巴仁波切傳予弟子的所有次第教授中，最終、或說最究竟的教授，就是勝樂金剛的灌頂與成就法。

此乃是那洛巴託付給馬爾巴的極秘密教授，再由第五世嘉華噶瑪巴傳予創瑪思．羅卓．仁謙。之後，此教授便主要由創巴傳承所傳續②。

---

❷印度八十四大成就者之一，又稱為東比巴。

①第十一世創巴祖古，亦即邱陽．創巴仁波切（Chogyam Trungpa Rinpoche，一九三八至一九八七），乃是美國及西方世界主要的藏傳噶舉派先驅。他建立了金剛界〔學會〕（Vajradhatu）與香巴拉中心。

②我已略微解釋了馬爾巴修道傳記或「南塔」與創巴仁波切之間的連結。為此，（這一場的開示地點是在創巴仁波切所建的岡波寺，而創古仁波切是岡波寺的住持），我要感謝在座的每一位，大家都非常用心地為法寶建檔，保存錄音帶、錄影帶、相片、謄本和已出版的書籍與法本等等。如果你問：「此刻來說，是否保管自己所領受的法本等就足夠了？」答案是：「不夠！」因為那只是第一步；在踏出第一步後，你必須採取第二步，也就是必須讓已建檔保存的教法能有適切的弘揚，應該出版的必須出版，應該公諸於世的，就適當地公諸於世。創巴仁波切的著作、開示等，其重要性不言自明，以現在的情況來說，下面的小故事可謂中肯的補述。

在二十世紀早期，有位來自安多的大學者與教師，名為更敦．群培。在生命的尾聲，當他知道自己即將死亡時，他告訴弟子們（順帶一提，更敦．群培會抽菸）：「我在香菸外盒寫了些東西，別弄丟了。」

然而，如果你問：「僅是將教法公諸於世，就足夠了嗎？」答案還是：「不夠！」在第二步之後，你必須採取第三步，也就是透過學習和孜孜不倦的鑽研，運用這些教法，採取了這些步驟仍不足夠，因為你必須要實修，實際將教法的義理應用於生活中。就算這樣，也仍不足夠，因為最終你必須訓練自己達到能傳授這些教法予後世的程度。為此，你應該開展勇氣與心的力量，方能發願令創巴仁波切的教法永不衰損，直到輪迴完全空盡。你也可思維一件事情，亦即延續與弘揚其教法的責任，並不在於一或兩人的身上，而是你們所有人的責任。如果你視之為承事根本上師，那它就是；如果你視之為自己的修持，亦然。這也是你能留給孩子和後世子孫的最好遺產。

——創古仁波切開示

修道傳記的撰述

此修道傳記的撰述，係來自密勒日巴與馬爾巴．郭勒等馬爾巴的弟子對上師生平的記錄；其後，有位大成就者採用了這些記錄，並寫成此修道傳記。西藏有三位聲譽卓著的大成就者，稱為「瘋行者」；亦即藏之瘋行者、竹之瘋行者、衛（中藏）之瘋行者。採用記錄而寫成《大譯師馬爾巴傳》的人是藏之瘋行者，名為藏．紐恩．嘿嚕嘎。

結語

馬爾巴雖已涅槃，未留任何與他相關的外在之物，但其遍智之心與清淨慧識依然長存；無論我們的身、語、意所作是善是惡，馬爾巴都能悉知悉見，有如置於掌上那般清晰。

我們尚且還應留意一點，馬爾巴他歷經千辛萬苦，為的是求取教法以利一切眾生；因此，他自然會去關注這些教法的修持狀況，以及修持者的福德和進展。他想要知道修持者是否如法修持？能否減少煩惱？可否增長正知見？我們可以說，馬爾巴對於弟子們修行質量的關注，與他領受教法所經歷的困難成正比。如果馬爾巴發現我們做不到、或是不願意耐勞去做，他會因此而感到難過。

我們不應認爲無人知曉，便恣意妄爲。不只是馬爾巴，一切諸佛菩薩全都知曉我們的所作所爲；諸佛菩薩對我們的一切作爲悉知悉見。因此，出於尊敬諸佛菩薩對我們身、語、意的遍智，我們應當盡可能地行止清淨。心中憶持馬爾巴的教法，永遠努力造作善行、善語和善念。

辭彙說明

【一劃】

一味 One taste（藏文 ro cig）。大手印修持的第三階段。

【二劃】

二資糧 Two accumulations（藏文 shogs nyis）。積聚具有概念分別的福德資糧，以及超越概念分別的智慧資糧。

二障 Two obscurations。障蔽佛性的遮障或染污有兩種，亦即煩惱障（參見「五毒」或「煩惱」）與潛在的習氣，後者有時稱爲二元概念或所知障。煩惱障讓眾生無法脫離輪迴，而所知障讓眾生無法獲得能了悟實相的正確知見。

二諦 Two truths。世俗諦與勝義諦。世俗諦描述一切事物表面、明顯的狀態，而勝義諦描述一切事物眞實、無誤的狀態。不同教派對二諦的描述有所差異，每一者皆漸次深入而趨向事物的本質。

八正道 Eight fold noble path。正見、正思維、正語、正業、正命、正精進、正念與正定。

八暇十滿，八閒暇與十圓滿 Eight freedoms and ten opportunities（藏文 Tal jor，答久）。答（Tal）通常翻譯爲「閒暇」，久（jor）則翻譯爲「賜予」、「性質」、「資源」以及「機會」，兩者構成了修持佛法的珍貴人身。八閒暇傳統上指的是離於地獄、餓鬼、畜生、邊地、長壽天、邪倒見、根不具、或是無佛出世的狀態（後者意指沒有佛陀降臨，依據他處關於五濁惡世的教法，我們便是處於無佛住世的黑暗時期）。十圓滿或十資源，則包括獲得人身、生於佛法弘揚之地、諸根具全、未執邪見，以及深信三寶等五種「自圓滿」（諸根若未具足，而致心智運作不全、無法研讀或修持佛法，就等同不具珍貴人身）。五種「他圓滿」包括佛陀出世、佛陀宣說正法、教法久住、弟子能了悟教法的義理與本質，以及功德主能慷慨布施。

八識 Eight Consciousnesses。（梵文 vijnana，藏文 nam she tsog gye）。五識爲眼識、耳識、鼻識、舌識、身識；第六識爲意識，第七識爲煩惱識，第八識爲基識（ground consciousness，或稱含藏識）。小乘經典一般以六識來探討心，亦即五根識以及第六的意識。大乘唯識教派則論述八識，其中前六識是相同的，再加上第七識與第八識。在小乘的傳統中，第七識與第八識之作用被歸納於第六意識。〔中譯註：阿賴耶識、阿陀那識，與末那識的定義與關係，學界有不同的見解，一派認爲阿陀那識即第八識，因其執持；一派認爲阿陀那識是第七識，相當於新譯派所稱的末那識，因其爲染污意；一派則認爲第七、八識皆可稱阿陀那識。〕

十二緣起 Interdependent origination。將眾生綑綁於輪迴中，持續不斷受苦的十二因緣連結，包括無明、行、識、名色、六入、觸、受、愛、取、有、生，以及老死。十二緣起有如毫無間歇的惡性循環之輪，一圈又一圈地讓一切眾生於六道輪迴中輪轉。

十不善行 Ten non-virtuous actions。十惡。殺、盜、淫、妄語、兩舌、惡口、綺語、貪、瞋、邪見（無明，癡），會造成惡業果報者，就是不良善或不完善的行爲。因此，十不善行通常出現在討論業的作用時，前三項爲身的不善行，接下來的四項爲語的不善行，最後三項爲意的不善行。十善行則相對於上述十不善行。

十地 Ten stages。大乘修道的階段或菩薩果位，包括⑴歡喜地，強調布施；⑵離垢地，強調持戒；⑶發光地，強調忍辱；⑷焰慧地，強調精進；⑸難勝地，強調三摩地；⑹現前地，強調智慧；⑺遠行地，強調方便事業；⑻不動地，強調願；⑼善慧地，強調力；⑽法雲地，強調獲致證悟。在密續（金剛乘）文獻中還包括其他顯現證悟的三地，故總共爲十三地。

【三劃】

三身 Kayas, three（藏文 ku sum）。佛陀的三身包括法身、報身、化身。法身又稱為「實相身」，乃是全然證悟或佛陀的全然智慧，此無始之智超越形式，顯現於化身與報身。報身又稱為「樂受身」，只對菩薩示現。化身又稱為「應化身」，示現於世間，而此處即是示現為釋迦牟尼佛。第四身為自性身，亦即「自性法身」，為其他三身之總集。

三昧耶，誓戒 Samaya（藏文 dam sig）。金剛乘中，對上師或修法所作的誓言或承諾。三昧耶包括許多細節，但本質上來說，以外在層面而言，要維持與金剛上師、法友之間的和諧關係；以內在層面而言，則不離於修持的相續。

三界 Three realms。輪迴的三個範疇。欲界的眾生，因自身業力所致而具有物質之身，居於天界到地獄之間。色界眾生因禪定力而投生此處，具有細微相之身，此處為禪定天（四禪天）。無色界眾生因其禪定之力（三摩地），在死後進入禪定狀態，念頭與感知的過程已然止息（中譯註：故稱爲四空天〕。

三苦 Three sufferings。即苦苦（痛苦之苦）、壞苦（改變之苦）、行苦（一切輪迴的具生之苦）。

三乘 Three vehicles。小乘、大乘、金剛乘。

三根本 Three roots。上師、本尊、空行。上師爲加持的根本，本尊是成就的根本，空行爲事業的根本。

三摩地，三昧，定 Samadhi（藏文 tin ne zin）。非二元的禪修狀態，沒有自他的分別。又稱爲心一境性，爲禪修的最高形態。

三寶 Three jewels（藏文 kon chok sum）。字面意思爲「三個珍寶」。佛教的三種必要組成：佛、法、僧，亦即證悟者、其所闡述的眞理，以及依循此眞理生活的弟子們。對三寶具有堅固信心爲「入道」階段。三寶是我們崇敬的對象，也是「皈依處」。佛弟子宣說三皈依儀軌而正式成爲佛教徒。

上師 Guru（藏文 lama）。西藏傳統中，已獲致了悟的老師。

上師瑜伽，上師相應法 Guru yoga（藏文 lamay naljor）。對於上師表達虔敬的修持，以領受加持並與上師之心合一作爲圓滿。上師瑜伽也是前行修持中的第四種修持。

下三道，惡趣 Lower realm。包括投生爲地獄、餓鬼、畜生等眾生。

口耳傳承 Hearing lineage（藏文 nyan gyu）。此傳承教授係由上師以口語傳給弟子。口耳傳承的教法通常極爲秘密，因爲只能由上師直接親自傳授。「口耳傳承」也是噶舉傳承的通用代稱。

口訣教授 Oral instructions（藏文 man ngag, dams ngag）。相較於學術傳統，修持傳承的口訣教授簡潔扼要，能恆時銘記於心。口訣教授實用且具針對性，爲直接修持的善巧法門。

大手印 Mahamudra（藏文 cha ja chen po）。字面意思是「大印」或「大象徵」，意指一切現象皆由本初圓滿的眞實自性所封印。此禪修形式可追溯至薩拉哈（西元十世紀），其後透過馬爾巴而在噶舉教派中傳續。此禪修傳承強調對於心的直接覺察，而非透過理性分析。大手印也代表修行者獲致明、空合一，以及顯、空無二的覺受。大手印也是噶舉傳承之名稱。

大手印四瑜伽 Four Yogas of Mahamudra（藏文 phyag chen gyi nal byor zhi）。修持大手印的四個階段，包括專一瑜伽、離戲瑜伽、一味瑜伽，以及無修瑜伽。

大成就者 Mahasiddha（藏文 drup thop chen po）。極大許多了悟的修行者。Maha 代表偉大，siddha 爲已獲得成就的修行者。特別是指西元八世紀至十二世紀間，住在印度的金剛乘修行者。其中一些最著名之成就者的傳記，記載於《八十四大成就者》（*The Eighty-four Mahasiddhas*）一書中。

大乘 Mahayana（藏文 tek pa chen po）。字面意義是「大車乘」。大乘爲佛陀二轉法輪的教法，強調空性（參見「空性」）、慈悲與遍在的佛性。證悟的目的在於讓一切眾生與自己從痛苦中解脫。大乘教派出現在佛陀圓寂後的七百年，雖然此傳統可追溯至佛陀於王舍城或靈鷲山所說的法。

大班智達 Mahapandita（藏文 pan di ta chen po）。Maha（摩訶）代表偉大，

班智達爲佛教學者。

大鵬金翅鳥 Garuda（藏文 khyung）。孵化即成熟的傳說之鳥。

《大幻化網續》 Mahamaya tantra（藏文 gyu ma chen mo）。無上瑜伽的母續，爲藏傳佛教的四大密續之一。

小手鼓 Dharmaru（藏文）。金剛乘修持中所使用的儀式物品。

小乘 Hinayana（藏文 tek pa chung wa）。字面意義爲「較劣之乘」，爲三乘中的初乘。小乘指的是佛陀的初次教法，強調要仔細檢視心及其迷惑。此爲佛陀教法的基礎，主要著眼於四聖諦以及十二因緣。其成果爲求自己的解脫。

不了義 Provisional meaning。簡化或修改後之佛陀教法，以符合聽法者的根器，此乃相對於了義（definite meaning）而言。

【四劃】

《丹珠爾》 Tenjur。《甘珠爾》的釋論。還包括關於禪修、醫療、科學與技術指引等密續。

中脈 Central channel（藏文 tsa uma）。體內有三條主要的細微脈，亦即右脈、左脈與中脈。這些脈並非解剖學上的脈，而是細微能量所流經的管徑（conduit）。中脈大致是沿此（或許是在脊椎中）運行。

中陰、中蘊、中有 Bardo（藏文）。往生與再次投生之間的過渡狀態。中陰也可分爲六種不同的層次；生處中陰、睡夢中陰、禪修中陰、臨終（死亡）中陰、法性中陰以及受生（生有）中陰。

中觀 Madhyamaka（藏文 u ma）。印度佛教四大學派中最有影響力者，由龍樹菩薩於西元二世紀所建立。中觀之名來自梵文的「中道」，意思是介於「常」與「斷」中間的道路。此學派的主要立論爲：包括內在心理活動與外在事物的一切現象（萬法），皆無自性。此學派使用大量的理論辯證來建立諸法性空的見地。然而，此學派亦承許在約定成俗或相對的眞理

（世俗諦）層次上，萬法的確存在。

五方佛 Five dhyani Buddhas。亦即大日如來、阿閦如來、寶生如來、阿彌陀佛，以及不空成就佛。五方佛爲五大與五毒的淨相。

五佛父 Five male Buddhas。亦即大日如來（Vairochana，毘盧遮那）、阿閦如來（Akshobhya）、寶生如來（Ratnasambhava）、阿彌陀佛（Amitabha），以及不空成就佛（Amoghasiddhi）。

五佛母 Five female Buddhas。亦即自在天女（Dhatvishvari）、瑪瑪姬佛母（Mamaki）、佛眼佛母（Locana）、白衣觀音（Pandaravasini），以及三昧耶度母（Samayatara）。

五佛部 Five Buddha families（藏文 rig nga）。亦即佛部、金剛部、寶生部（Ratna）、蓮花部（Padma），以及羯磨部（karma，事業部）。

五毒 Five poisons（藏文 ldug nga）。阻礙了知的暫時心理狀態，包括貪、瞋、癡（無明）、慢、妒。三根本毒爲貪、瞋、癡。

五根識 Consciousnesses, sensory。亦即眼、耳、鼻、舌、身此五種感受。

五智 Five wisdoms。亦即法界體性智、大圓鏡智、平等性智、妙觀察智，以及成所作智。五智不應被當作分別的主體，而應視爲個人證悟本質的不同作用。

五道 Five paths（藏文 lam nga）。依據經教，五道包括：資糧道、加行道、見道（達到菩薩初地果位）、修道，以及無學道（佛果位）。五道含括了從開始修行佛法到圓滿證悟的完整過程。

五濁 Five degenerations。(1)劫濁，意思是外在世界日趨動盪，例如戰爭及社會不安等。(2)眾生濁，意思是眾生的心續日益粗重。(3)命濁，壽命變短。(4)煩惱濁，亦即眾生的煩惱增加，造成內心不穩定。(5)見濁，意思是眾生對實相的理解，逐漸偏離眞理。依據此五濁，我們正處於黑暗時代。

五蘊 Aggregates, five（梵文 skandha，藏文 phung po nga）。字面上的意義是「堆聚」。這些是在覺知到對境時，各感知所經歷的五種基本轉化。首先是「色」，包含念頭以外的所有一切，如聲音、氣味等。第二與第三個爲「受」（愉悅或不愉悅等）及「想」，對於感受的識別。第四爲「行」

（心意的活動），實際上包括第二與第三蘊。第五個是一般所稱的「識」，例如五根（眼、耳、鼻、舌、身）識與意識。

六道 Six realms。六類眾生的域界，包括天道、人道、阿修羅道、畜生道、餓鬼道，以及地獄道。

六識 Six consciousnesses。五根識加上意識。

六度波羅蜜，圓滿或超越 Paramita。離於二元概念的淨行，能解脫眾生脫離輪迴。六度爲布施、持戒、忍辱、精進、禪定、智慧。

化身 Nirmanakaya（藏文 tulku）。佛陀有三身，而化身或「應化身」顯現於世間，本文中指的是釋迦牟尼佛的示現。（參見「三身」）

幻身 Illusory body（藏文 gyu lu）。在圓滿次第中，將修行者的極細微能量身，轉化爲本尊的無死幻化身，並且在清淨後成爲佛陀的身相。幻身爲那洛六法之一（參見「那洛六法」）。

心所 Mental factors（藏文 sem yung）。相較於心，心所爲更長期的心意習性，包括信、無貪、中捨等十一善，貪、瞋、慢等六根本煩惱，以及恨、誑、害等二十隨煩惱。

心要教授 Key instructions。爲了建立法教的理路脈絡所給予的關鍵講解。在見到理路脈絡後，我們就能區分法教的形式與內涵。心要教授的作用係爲了喚醒弟子，趨入法教所生覺受的本然自性，例如消融覺受的客觀形式而讓此覺受的本然面貌現前，藉此得知其不具有獨立的實相且不具有自主的力量，因爲它並非獨立存在。此心要教授，若能依之而修，將會產生開解心性的人格轉化。心要教授在法教的每一層次，都會再次給予。

手印 Mudra（藏文 chak gya）。在本書中其意思是「手印」，或是特定密續儀軌中的手勢，用來象徵正在進行特定的修持；手印也能代表明妃，或是本尊的「身形」。

文殊師利，又譯爲文殊菩薩、妙吉祥 Manjushri。八大菩薩之一。祂是出世慧（transcendent knowledge）的化現。

方便 Skilful means（梵文 upaya，藏文 thabs）。一般而言，方便的意義爲證悟者因考量到弟子們的各種需求、能力與缺點而以善巧的方式傳授佛法，方便爲慈悲的表徵。在菩薩戒中，方便對應到前五度與世俗菩提心。只有智慧而無方便，則菩薩受限於寂靜涅槃；只有方便而無智慧，則受困於輪迴。故修行者務須兩者合一。在金剛乘中，方便來自空性。其與智慧雙運，代表男性，而在色空不二中，則代表色的層面。

方便道 Path of Means（藏文 thab lam）。意指那洛六法，以及生起與圓滿次第之修行屬性。

止、奢摩他、寂止 Tranquillity meditation（藏文 Shinay，梵文 Shamatha）。兩種主要的禪修類型之一。止、奢摩他爲安住，令心平靜，遠離思緒活動的禪定修持；另一種爲觀、勝觀，或稱毘婆舍那。

止息 Stillness（藏文 gnas pa）。即沒有思緒活動與情緒擾動，但是對止息有著細微的固著。

父續 Father tantra（藏文 pha gyu）。密續可分爲三種。父續乃關於轉化瞋怒，母續是關於轉化貪欲，而無二續是關於轉化無明（愚痴）。

【五劃】

《甘珠爾》 Kanjur。佛陀直接教法的總集。〔中譯註：藏文大藏經的兩大部分之一，意思是佛陀教典；另一者爲《丹珠爾》，意思是佛法論典。〕

世俗諦 Relative truth（藏文 kunsop）。二諦包括世俗諦與勝義諦。世俗諦指的是一般（未證悟）者的覺知，以分別「自」、「他」之錯見的投射來看待世界。

世間八風，世間八法 Eight worldly concerns（藏文 jik ten cho gysh）。令人遠離修道者，亦即執著於利、衰、毀、譽、稱、譏、苦、樂。

他空派 Shentong school。中觀或中道分爲兩個主要學派，亦即自空派與他空派。他空派來自三轉法輪，闡述究竟實相乃明空不二。

加行 Ngondro。前行修持的藏文詞彙。金剛乘修道，起始於修持四加行，包括十一萬一千次的皈依文與大禮拜，十一萬一千次的金剛薩埵咒，十一萬一千次的獻曼達，以及十一萬一千次的上師瑜伽。

加持 Blessings（藏文 chin lap）。個人將其累積的部分福德引入另一人「心相續」的過程。賜予加持的能力有賴於施者的修行成就，以及受者的信心。施者通常爲根本上師，據說其加持能涵攝皈依本源的總集加持。儘管未來的經驗大多由當下的行爲所形塑，根本上師的加持仍能予以部分修正；也就是說，加持能創造因緣，使得因過去行爲所來的修道潛質得以成熟，啓發並給予我們開始修行所需的能量。以此觀之，除非我們的行爲極端敗壞，上師的加持皆有助於克服煩惱和其他障礙。因此，上師的加持能幫助我們了證各自本皆具有的佛性。

四法印 Four seals。佛教的四種主要法則：諸行無常、諸受是苦、諸法無我，以及涅槃寂靜。

四聖諦 Four truths。佛陀的首次開示。⑴苦，一切受到因緣制約的生命皆痛苦。⑵集，痛苦是由無明而來。⑶滅，痛苦可被止息。⑷道，終結痛苦的八正道，亦即正見、正思維、正語、正業、正命、正精進、正念與正定。

四種邊見 Four extremes（藏文 tha shi）。有、無、亦有亦無、非有非無四邊。

四灌頂 Four empowerments（藏文 wang shi）。亦即寶瓶灌頂、秘密灌頂、智慧灌頂，以及文字（句義）灌頂。

本尊 Yidam（藏文）。Yi 指的是心，dam 指的是清淨；或說 yi 指的是你的心，而 dam 指的是無別。本尊代表修行者的覺醒自性或是清淨顯相。密續本尊體現著佛果的功德，屬於金剛乘的修持。特定的護法也屬於本尊之一。

本尊禪修 Yidam meditaion（藏文）。爲觀想本尊的金剛乘修持。

母續 Mother tantra（藏文 ma gyu）。密續可分爲三種。父續乃關於轉化瞋怒，母續是關於轉化貪欲，而無二續是關於轉化無明愚痴。

永恆主義，常見 Eternalism（藏文 rtag lta）。相信有一恆常而無因的造物主存在，特別是〔相信〕一個人的本體或心識具有獨立、恆常而單一的具體本質。

生起次第 Creation stage（梵文 utpattikrama，藏文 che rim）。金剛乘包含兩種禪修次第：生起次第以及圓滿次第。生起次第是密續禪修的法門，包含觀想與思量本尊，其目的在於淨化習性與了悟一切現象的清淨。於此次第中，要建立並維持本尊的觀想。

因陀羅菩提王 King Indrabhutii。因陀羅菩提王是生於佛陀時代的印度國王，也是位成就大師，他象徵能夠將感官欲樂轉爲道用的最優秀人才。

【六劃】

那洛六法 Six Yogas of Naropa（藏文 naro chödruk）。那洛巴傳給馬爾巴的六種不共瑜伽修持，包括拙火、幻身、睡夢、明光、遷識，以及中陰。

那洛巴 Naropa（西元九五六年至一〇四〇年）。印度大師，以傳授許多金剛乘教法予馬爾巴最廣爲人知。在穆斯林入侵印度前，馬爾巴將這些教法帶回西藏。

那爛陀佛學院 Nalanda。西元五世紀至十世紀最偉大的佛教大學，位於現在的王舍城附近。那爛陀是大乘教法的法座，爲許多佛教大學者的研修之處。

有情衆生 Sentient beings。相對於無生命者，具有心識的生命體，指尚未獲致佛果解脫之一切具有心或識的眾生。包括身陷輪迴之苦的眾生，以及已獲菩薩果位的眾生。

地，菩薩果位 Bodhisattva levels（梵文 bhumi，藏文 sa）。菩薩獲致證悟前所歷經的層級或是階段。經乘中有菩薩十地，密乘中則分菩薩十三地。

如來藏 Tathagatagarbha。等同於佛性。指一切眾生本自具有的證悟潛能。

成就（或「悉地」）Siddhi（藏文 ngodrup）。修行成就者的修道成就。通常指的是完全證悟的「殊勝或不共的成就」，也可以指八種世俗成就的「共的成就」。

成就者 Siddha（藏文 drup top）。獲得成就的佛法修行者。

朵瑪，食子 Torma（藏文）。以糌粑和奶油所作的塑像，用於佛壇獻供、薈供之物，或是代表本尊。各種朵瑪都有其傳統的設計。

耳傳 Whispered lineage。關於空性的口訣教授，來自智慧瑜伽空行母。

自他交換 Sending and taking practice（藏文 tong len）。係由阿底峽尊者所

傳授的禪修法門。修行者取受他人之惡，而將自己之善全部施予他人。

自性身 Svabhavakakaya（藏文 ngo bo nyid kyi sku）。本質之身。有時被認爲是第四身，亦即前三身的結合。

自空派 Rangtong school。中觀或中道分爲兩個主要教派，亦即自空派與他空派。自空派來自二轉法輪，教導實相自空、超越概念。

色身 Rupakaya（藏文 zuk kyi ku）。包括報身與化身。

【七劃】

佛性 Buddha-essence（藏文 de shegs nying po）。一切眾生的本然自性。證悟的潛藏力。

佛性 Sugatagarbha，如來藏，善逝藏。

佛果位。**不住輪、涅的圓滿證悟** Buddhahood（藏文 sang gyas）。圓滿證悟的表現，佛陀所特有。一切有情皆與生具有成佛的權利。根據佛陀的教法，每個眾生皆有佛性，甚至是已證佛性，因此並非是「獲致」佛果位，而比較是經驗了本初的圓滿，並在日常生活中實證之。

佛陀 Buddha（藏文 sang gye）。獲致全然證悟者，例如歷史上的釋迦牟尼佛。

佛塔 Stupa（藏文 chorten）。供養或累積資糧的對境。佛塔是法身的象徵，包含佛陀或其他證悟者的舍利子。佛塔如同上師一般，乃是崇敬的焦點與邁向佛果之道。對佛塔的任何不敬行，就是對證悟本身的不敬。

阿底峽尊者 Atisha（西元九八二年至一〇五五年）。印度那爛陀大學的佛法學者，在藏王的邀請下來到西藏，以平撫朗達瑪滅佛所造成的破壞。阿底峽後來協助建立了噶當教派。

劫 Kalpa（藏文 kal pa，梵文 yuga）。以數百萬年爲單位的長久時間。

見、修、行 View, meditation, and action（藏文 ta ba gom pa yodpa）。見爲哲理取向，修爲逐漸熟悉見地的作法（通常是座上修持），而行是將洞見應用於日常生活中。三乘對於見、修、行有各自獨特的定義。

【八劃】

岡波巴 Gampopa（西元一〇七九年至一一五三年）。西藏噶舉傳承的主要持有者，密勒日巴的弟子之一。岡波巴建立了第一座噶舉僧院，並以撰述《解脫莊嚴寶論》（*Jewel Ornament of Liberation*）而聞名。

念珠 Mala（藏文 trengwa）。通常係由一〇八顆珠子串成。

拙火 Tummo（藏文）。結合大樂與空性的金剛乘進階修持，會附帶產生煖熱。拙火爲那洛六法之一。

明，明性 Clarity（藏文 selwa）。亦可翻譯爲明光。心的自性爲不具本有的存在，然而心並非只是空虛或全然空無，因爲心具有明，亦即覺性或心的了知。因此明乃是心之空性的特質之一。

明光 Luminosity（藏文 osel）。字面意思是「遠離無知之黑暗，賦有認知之能力」。兩個面向爲：如晴朗開闊天空之「空分明光」；以及如彩色光影等之「顯分明光」。明光是遍於一切輪迴與涅槃的無爲法、無造作自性。

明點 Bindu（藏文 tigle）。生命精華之滴，或精神能量之界，經常會於金剛乘的修持中作觀想。

法 Dharma（藏文 chö）。這有兩種主要意義，第一種意義是任何事實、眞相（any truth），例如天空是藍色的；第二種意義是佛陀的教法（又稱為「佛法」，Buddha-dharma）。

法身 Dharmakaya（藏文 chö ku）。佛果的三身之一。法身乃證悟的本身，亦即超越一切參考點的智慧（參見「三身」）。

法性 Dharmata（藏文 chö nyi）。法性經常被翻譯爲「眞如」（suchness）或「事物的眞實自性」或「實物的本然面貌」。法性乃現象的眞相，或是全然證悟者毫無扭曲或遮障之所見，故可稱之爲「實相」。此乃心與現象的自性。

法界 Dharmadhatu（藏文 chö ying）。周遍、無始之界，從中衍生出一切現象。梵文意義爲「現象的本質」，而藏文意義爲「現象的廣空（expanse）」，但通常指的是空性，亦即現象的本質。

法輪 Dharmachakra。梵文爲「法之輪」，佛法修行的三乘：小乘、大乘與金剛乘。當談到佛陀的三十二大人相時，法輪指的是八輻輪的法相。

法輪 Wheel of dharma（梵文 dharmachakra）。佛陀的教法，可對應三個階段，簡述如下：初轉法輪教導四聖諦與人無我；二轉法輪教導空性與法無我；三轉法輪教導明光與佛性。〔中譯註：《解深密經》將此三轉法輪分別稱為四諦法輪、無相法輪、善分別法輪；而這樣的分類並非意指佛陀每次轉法只談那些主題，而是該段時期當中是以那些主題的教導為代表、為多數。〕

直指口訣 Pointing-out instructions（藏文 ngo sprod kyi gdampa）。直指心要的口訣。

空行母 Dakini（藏文 khandroma）。對全然證悟之心已有高度證量的瑜伽女。她可能是已達如此成就的人類，或是禪修本尊證悟之心的非人示現；她是女性護法，也是具有內、外、密義的女性能量。

空性 Emptiness（藏文 tong pa nyi，梵文 shunyata）。佛教的中心主題。空性並非虛無主義之類的見地（斷見），而是意指一切現象並不具有真實存在而獨立的自性。正向而言，現象的確存在，但其存在的狀態只是顯相，亦即無盡且互相依存的示現；但這並非表示這不過是你的心，因爲心也離於任何眞實的存在。空性使人離於唯我論之見。不同教派對於空性的闡述各有差異。

金剛 Vajra（藏文 dorje）。通常譯爲「如鑽石一般」。金剛可爲特定金剛乘儀式中手持的法器「金剛杵」，或是指如鑽石般清淨、持久的功德。

金剛亥母 Vajravarahi（藏文 Dorje Phagmo）。空行母，勝樂金剛的明妃。金剛亥母是噶舉傳承的主要本尊，也是智慧的化身。

金剛乘 Vajrayana（藏文 dorje tek pa）。字面意思是「如鑽石一般」或「不可摧壞的能力」。金剛指的是方便，故可稱之爲方便乘。佛教的主要傳統有三乘（小乘、大乘、金剛乘）。金剛乘以密續爲本，強調現象的明性層面。方便乘的修行者以果爲道用。

金剛跏趺姿，金剛座 Vajra posture。指雙腿互扣的雙盤（full-lotus，全蓮花）坐姿。許多西方人一腿上、一腿下的坐姿，稱爲單盤（half-lotus，半蓮花）。

金剛瑜伽女 Vajrayogini（藏文 Dorje Palmo）。女性的半忿怒本尊。

金剛總持 Vajradhara（藏文 Dorje Chang）。金剛意指不可摧壞，總持指的是持守、涵攝或無別。金剛總持位於噶舉皈依境的中央，表示大手印教法傳至帝洛巴的近傳承。金剛總持象徵法身的本初智慧，穿戴報身佛的纓絡寶飾以象徵富足。

事部密續 Kriya tantra（藏文 ja way gyu）。四部密續之一，強調個人的清淨性。

具有偏私的悲心，依緣悲 Partial compassion。對他人〔的境遇〕感到難過，以及想要幫助他人的欲望，但只限於特定性別、種族、族裔、社會階層等。

咒，眞言 Mantra（藏文 ngags）。聲音的能量。充滿能量的單一音節或系列音節（種子字），用以表示特定的宇宙力量以及佛陀的某些面向，有時亦是佛的名號。在許多佛教學派中，連續持咒爲禪修的一種方式。藏傳佛教將咒視爲一種保護心的方法。以修道來轉化身、語、意而言，咒和語相關，其目的是爲了昇華說話所產生的振動。持咒必須搭配著細部的觀想與特定的身體姿勢。

在西藏傳統中，咒的功能依密續種類而有所差異。舉例來說，就持咒而言，專注於音節的神聖字形，與專注於其聲音會有不同的成效。

【九劃】

勇父 Daka（藏文 khandro）。相對於空行母的男性空行。

帝洛巴 Tilopa（西元九二八年至一〇〇九年）。八十四位大成就者之一，爲那洛巴的上師。那洛巴將其教法傳予西藏的噶舉教派。

毘盧遮那七支座法 Seven dharmas of Vairochana。禪修的主要姿勢，包括⑴挺直上身與脊椎，⑵目光略微下垂，注視鼻尖前方虛空，下巴與脖子保持挺直，⑶挺直肩胛骨如鷲鷹展翅，⑷雙唇保持輕觸，⑸舌尖觸碰上顎，⑹雙腿盤爲蓮花座（單盤）或金剛座（雙盤），以及⑺右手背置於左手掌上，兩手姆指指尖輕觸。

音譯爲赫魯迦，或嘿魯嘎 Heruka（藏文 trak thung）。爲顯現忿怒相的男性本尊。

祖古，轉世，化身 Tulku（藏文，梵文 nirmanakaya）。藏文意思是「多重身」，形容證悟者或菩薩的化現身。「祖」這個發音，包括直接與間接的意義。直接意義是「多重」；而間接意義爲「顯現」，意思是悲心的散發，亦即由法身幻化爲化身的形式。「古」的意思是身體。然而在西藏：「祖古」後來意指佛教高僧大師因乘願再來利益眾生所作的示現。

【十劃】

乘 Yana。意思是根器。三乘爲小乘（狹）、大乘（廣）、金剛乘（不壞）。

修心 Lojong。早期噶當教派的大乘禪修法門，由阿底峽尊者傳入西藏。

唐卡 Thangka。宗教性的掛軸布畫，描繪證悟的各種面向。

庫庫里巴 Kukkuripa（藏文 Shiwa Sangpo）。印度佛教思想中觀派的大威德金剛傳承，其著名的持有者包括成就者薩拉哈、成就者拉瓦巴、成就者毘魯巴，以及成就者庫庫里（亦即庫庫里巴）。大手印來自中觀思想，然而特別是在佛陀思想首次引入西藏時，中觀思想仍然模糊。在一幅著名的唐卡中，庫庫里巴被描繪成與野狗爲伍的「瘋狂瑜伽士」。

時輪金剛 Kalachakra。釋迦牟尼佛所教導的密續與金剛乘法門。

根本上師 Root lama（藏文 tsa way lama）。金剛乘的修行者具有幾種不同的根本上師，包括授予灌頂的金剛上師、授權研修傳承的金剛上師，或是闡釋密續義理的金剛上師。究竟的根本上師給予「直指心要的口訣」，使弟子認出心的自性。

殊勝成就，不共悉地 Supreme siddhi。證悟的另一種說法。

氣、風息 Prana。生命的支持能量。金剛身的「風息」或能量之流。

涅槃 Nirvana（藏文 nyangde）。字面意思是「止滅」。輪迴中的眾生，透過修持可證得止滅一切邪見與煩惱的證悟，這稱爲涅槃；小乘修行者之涅槃爲從輪迴中解脫，亦即證阿羅漢。大乘修行者之涅槃爲成佛，不住輪迴、亦不墮阿羅漢之寂靜邊。

班智達 Pandita。大學者。

脈、氣與明點 Channels, winds and essences，爲金剛身的組成。這些脈並非解剖學上的結構，比較像是針灸所說的經脈。有數以千計的脈，但是運載細微能量的三條主脈是右脈、左脈與中脈。中脈主要沿著脊柱運行，而右脈與左脈則在中脈的兩側。

依據方便道的瑜伽教法，透過身心的同步可以達到了悟。其方法之一便是藉由禪修脈、氣、明點等這些幻身的精神成份。氣是通過脈的能量或「風息」。有此一說：「心識乘著風馬於脈徑上。明點則爲心之滋養。」由於二元的分別概念，氣進入左脈與右脈。此幻身的能量分歧，相應於錯辨主體與客體的心意活動，進而產生具有決定性業力的行爲。透過瑜伽的修持，氣能夠被帶入中脈，轉化爲智慧風息，而讓心認出其根本自性，了悟諸法無生。

此一高階修持，只能透過成就上師的直接口傳來學習。一旦禪修者對於心的根本自性有了穩定的覺受，就能直接依此覺受禪修，觀想脈、氣與明點之消融。以心氣之脈的概念來禪修，可視爲有相圓滿次第，而直接思惟心之自性的無相修持，爲無相圓滿次第。

脈 Nadi。金剛身中，氣所流經的通道。

脈 Subtle channels（梵文 nadi，藏文 tsa）。這些細脈非關解剖學，而是修道能量或「風息」（梵文 prana，藏文 lung）運行之處。

脈輪 Chakra。關於身體與心理能量經脈的複雜系統。

般若、慧 Prajna（藏文 she rap）。梵文意思是「圓滿之慧」，可表示智慧、了知、辨別。通常指的是以高深見地（例如無二見）來看待事物的智慧。

般若波羅蜜 Prajnaparamita（藏文 she rab chi parol tu chinpa）。如般若波羅蜜多咒所述「揭諦揭諦，波羅揭諦，波羅僧揭諦，菩提娑婆訶」，藏文字面意義是「到彼岸」或「超越」。釋迦牟尼佛的降世以及其所帶來的甚深教法與修持，利用如觀想與控制細微身體能量的金剛乘密續，使得《般若波羅蜜多心經》或《心經》中的空性了悟不再遙不可及。

般涅槃 Paranirvana。指釋迦牟尼佛離開人道之後。由於佛陀已證得無死、或說無死覺性，因此並無「佛陀死亡」一說。

《般若波羅蜜多經》 *Prajnaparamita sutras*。用以代表有關了證般若慧的四十部大乘經典總集。

起念 Occurrence（藏文 gyu ba）。心中念頭生起的期間，爲「止」之相對。

馬爾巴 Marpa（西元一〇一二年至一〇九七年）。馬爾巴爲藏人，因三訪印度並帶回許多密法而聞名，那些密法包括那洛六法、密集金剛、勝樂金剛等修持。馬爾巴的根本上師爲帝洛巴，其乃噶舉傳承的創始者、那洛巴的上師。馬爾巴後來開創了西藏的噶舉傳承。〔中譯註：比較常見的說法是馬爾巴的根本上師爲那洛巴尊者，而那洛巴的上師爲帝洛巴尊者；帝洛巴尊者是噶舉傳承的創始者，而馬爾巴則後來建立了西藏的噶舉傳承。〕

【十一劃】

唯識派 Mind-only school。大乘傳承的主要教派之一，由無著菩薩於西元四世紀所創，強調萬物唯心所造。

奢摩他，止 Shamatha（藏文）。參見「止」的禪修。

密咒乘 Mantra vehicle。金剛乘的另一名稱。

密咒乘 Secret mantra（藏文 sang ngak）。金剛乘的別名。

密勒日巴 Milarepa（西元一〇四〇年至一一二三年）。馬爾巴的弟子之一，即身證悟。「密勒」這個音爲本尊之名，「日巴」這個音的意思是白棉。密勒日巴的弟子岡波巴在西藏建立（達波）噶舉傳承。

密續 Tantra（藏文 gyu）。字面意思是「連續」，就佛教而言，其包含兩樣特定的東西：文典與證悟之道本身。文典（果乘法本，或是以果為道的法本與文典）描述從無明邁向證悟的修持，包括密續上師所作的釋論；證悟之道本身，則統攝了基、道、果。佛法可分爲經乘傳統與密乘傳統。經乘傳統主要包括大乘經典的學術研修，而密乘主要包括金剛乘的修持。密續主要爲金剛乘修持的文典。

《密集金剛續》 *Guhyasamaja tantra*（藏文 sang pa dus pa）。字面意義是「秘密總集」，爲新譯教派的主要密續與本尊之一。《密集金剛續》爲無上瑜伽的「父續」，爲四部密續之最高者。密集金剛爲金剛部族的中央本尊。

專一 One-pointedness（藏文 Tse cig）。大手印修持的第一階段。

梅紀巴（或譯為麥哲巴）Maitripa。馬爾巴的上師之一，而馬爾巴爲西藏噶舉傳承的創始祖師。彌勒菩薩與無著菩薩關於佛性的重要著作《究竟一乘寶性論》是透過梅紀巴而廣傳於西藏。據說梅紀巴是那洛巴的弟子，而那洛巴在當時是那爛陀佛學院的首座上師。梅紀巴也將體現深奧佛性的大手印法教傳予馬爾巴，該法教對於心這個主題有詳盡的闡述，並提供範圍廣大、層次漸進，而高度精細的禪修方式。梅紀巴透過上師夏瓦里（夏瓦里巴）的大手印法教而證悟，夏瓦里則是自龍樹菩薩領受大手印的完整法教，龍樹菩薩又領受自薩拉哈，馬爾巴在夢境中亦親見薩拉哈。

梵文 Lotsawa，意指譯師。

淨土 Buddhafield（藏文 sang gye kyi zhing）⑴五方佛部的其中任何一界，報身佛或化身佛都可屬之。⑵清淨的個人覺受。

淨觀 Sacred outlook（藏文 dag snang）。覺性與悲心能引領修行人覺受空性，隨之而來的是明光，顯現爲現象界的清淨與神聖。由於神聖來自空性的覺受，沒有任何預設的概念，既非宗教亦非世俗觀點，乃是宗教與世俗觀點的相遇。進一步來看，淨觀並非任何神祇所傳授，而是明白見到此世界乃清淨自存。

【十二劃】

勝樂金剛，上樂金剛，勝樂輪 Chakrasamvara（藏文 korlo dompa）。屬於無上瑜伽密續教法的禪修本尊。新譯教派的主要本尊或密續。

善逝 Sugata。佛陀的稱號之一。

善趣，上三道 Higher realms。上三道係指投生爲天、人、阿修羅。

喇嘛 Lama（藏文 guru），上師。「喇」這個音是指具有最高修道覺受的人：「嘛」這個音是指如母的悲心。因此結合了智慧與慈悲、女性與男性的功德。喇嘛也用來稱呼那些已圓滿特定長期訓練的修行人。

喜金剛 Hevajra（藏文 kye dorje）。無上瑜伽的「母續」，爲四部密續之最高者。「喜」（He）的意思是喜悅感歎。喜金剛透過了悟色與空的表徵，將感官樂受轉化爲喜悅。喜金剛的身相有二、四、六、十二，以及十六臂，與佛母（通常是無我佛母）雙運共舞。

《喜金剛續》 *Hevajra tantra*（藏文 kye dorje）。無上瑜伽的「母續」，爲四部密續之最高者。

報身 Sambhogakaya（藏文 long chö dzok ku）。佛陀具有三身，而報身又稱爲「受用身」、「樂受身」，乃是法身之一刹界，但只對菩薩示現（參見「三身」）。

智 Jnana（藏文 yeshe）。超越二元思惟的證悟智慧。

智尊，智慧尊 Jnanasattva。智（Jnana）爲覺性，尊（sattva，薩埵）爲心。〔中譯註：sattva 原意爲 being，者。智慧尊通常是指灌頂或修持時由法界

迎請而來的眞實本尊相。〕

無上瑜伽密續 Anuttarayoga tantra（藏文 nal jor la na me pay ju）。金剛乘包括四個層次，其中以無上瑜伽密續爲最高者。無上瑜伽密續涵蓋有密集金剛、勝樂金剛、喜金剛以及時輪金剛等密續。

無我 Selflessness（藏文 dag me）。在兩個小乘教派（說一切有部與經部）中，無我專指「人」並非恆常實存，只不過是念頭與感受的集合（人無我）。在兩個大乘教派（唯識與中觀）中，則延伸爲意指外在現象界也非具生存在（法無我）。

無念 Nonthought（藏文 mi tog）。無概念想法之狀態。

無修 Nonmeditation（藏文 gom med）。不執持禪修所緣對境與能作禪修者的狀態。無修也是大手印的第四階段，此時無需再進一步禪修或修習之處。

無造作 Nonfabrication（藏文 zo med）。大手印與大圓滿的禪修心要。俱生覺性並非靠智識上的努力而生。

無散亂 Nondistraction（藏文 yengs med）。不離於修行的相續。

菩提心 Bodhichitta（藏文 chang chup chi sem）。字面上的意義爲證悟之心。菩提心有兩種：勝義菩提心，亦即洞悉萬法空性、全然醒覺的心；以及世俗菩提心，亦即發願修持六波羅蜜多並解脫一切眾生輪迴之苦的心。世俗菩提心也有兩種：願菩提心與行菩提心。

菩薩，菩提薩埵，亦即勇毅果敢的心 Bodhisattva（藏文 chang chup sem pa）。「菩提」的意思是盛放或證悟，而「薩埵」的意思是勇毅果敢的心；從字面上來說，就是展現證悟之心的人。菩薩亦是誓願修持大乘慈悲道與六波羅蜜，以成就佛果而解脫一切輪迴眾生之人，被稱爲佛陀的心子。

菩薩戒 Bodhisattva vow。爲利一切有情而發願成佛的誓戒。

道歌 Doha（藏文 gur）。金剛乘修持者任運而作的修道之歌，通常每一行有九個音節。

道歌 Spiritual song（梵文 doha，藏文 gur）。金剛乘行者任運而作的修道之歌，通常每一行有九個音節。

【十三劃】

圓滿次第 Completion stage（藏文 dzo rim）。金剛乘包含兩種禪修階段：生起次第以及圓滿次第。有相圓滿次第爲六瑜伽。無相圓滿次第爲大手印精要的修持，安住於無造作的心之自性中。

愚悲 Idiot compassion。想要幫助他人，卻不具備足夠的智慧，因此其作爲可能沒有眞正的利益。例如教導飢餓的人釣魚，那人反而會因殺魚而得到惡業。

業 Karma（藏文 lay）。字面意義是「行爲」。因與果的無誤法則，亦即善行帶來快樂，惡行帶來痛苦。每個眾生的行爲，都會導致再度投生某處（引業）以及投生該處的相應境遇（滿業）。

業力習氣或印記 Karmic latencies or imprints（梵文 vasana，藏文 pakchak）。我們所造作的每一個行爲，都會於第八意識中儲存一個印記；當這些潛伏的業力後來受到外在覺受的刺激時，便會離開第八識並進入第六識而因此顯露。

煩惱 Disturbing emotions（梵文 klesha，藏文 nyön mong）。又稱爲「令人苦惱的情緒」。此爲情緒上的苦惱或障蔽（煩惱障，相對於所知障：智識上的障蔽），會干擾認知的清明程度。又可翻譯爲「毒」，包括會干擾或扭曲心識的任何情緒。三種主要的煩惱爲貪、瞋、癡。

煩惱 Klesha（藏文 nyön mong）。又稱爲「令人苦惱的情緒」。此爲情緒上的苦惱或障蔽（煩惱障，相對於所知障：智識上的障蔽），會干擾認知的清明程度；又可翻譯爲「毒」（poison），包括會干擾或扭曲心識的任何情緒。三種主要的煩惱爲貪、瞋、癡。五種煩惱則爲上述三者加上傲慢與忌妒。

瑜伽 Yoga。自然狀態。修持瑜伽者稱爲瑜伽士，其特徵爲讓一切自然，保持原樣，例如不洗澡、不剪髮、不修剪指甲等。女性修行者稱爲瑜伽女。〔中譯註：瑜伽和瑜珈都是音譯，意思是「合一」或「相應」，作爲運動可解釋爲身心合一，作爲靈修可解釋爲身心靈合一，作爲佛法修持則主要有本尊瑜伽和上師瑜伽，意思是透過修持而與本尊或上師在身、語、意方面皆無二無別。〕

瑜伽士 Yogi（藏文 nal yor pa）。密續修持者。

瑜伽女 Yogini（藏文 nal yor ma）。女性的密續修持者。

瑜伽密續 Yogatantra（藏文 naljor gyi gyu）。字面意思爲「結合續」，指著重內在禪修的密續。

經 Sutra（藏文 do）。字面意思是「連接」。小乘與大乘的結合，或是智慧與慈悲的結合。經乃佛陀所說的文字紀錄，於佛陀般涅槃多年後才被寫下。經的形式通常是佛陀與其弟子的對話。相較於經，密續乃是佛陀的金剛乘教法，而釋論爲佛陀教言的闡釋。〔中譯註：請看二二五頁釋論 Shastra 的譯註說明。〕

經乘 Sutrayana。達到證悟的經乘方式，包括小乘與大乘。

經部大手印 Sutra Mahamudra（藏文 mdo'i phyag chen）。以《般若波羅密多

經》爲基礎的大手印系統，強調奢摩他、毘婆舍那（觀），以及五道十地的修道進程。

解脫 Liberation（參見「證悟」）。

解脫道 Path of Liberation（藏文 drol lam）。大手印的修持之道。

辟支佛，緣覺，意指「獨覺者」 Pratyekabuddha。辟支佛爲佛陀的身弟子，在無師的情況下，自己於該生獲得覺醒。一般而言，辟支佛係介於阿羅漢和佛陀之間，小乘修道的第二果位，是透過思惟十二因緣的還滅而證得。

【十四劃】

僧伽，意指「具善德者」 Sangha（藏文 gen dun）。Sang 的意思是意圖或動機，gha 指的是有善德的。僧伽爲具善德的動機者，爲三寶之一。一般指的是佛陀的追隨者，特別是指僧尼團體。高僧指的是對佛陀教法已獲特定程度的了悟者。

寧瑪 Nyingma（藏文）。最古老的佛法教派，奠基於西元第八與第九世紀間，蓮花生大師及其他上師的教法。

漸次道 Graded path。指透過三主要道之引導，邁向證悟之路：⑴出離心。⑵菩提心。⑶空性正見（智慧）。

瑪哈嘎拉 Mahakala。保護佛法與佛法修行者的護法。

睡夢瑜伽 Dream practice（藏文 mi lam）。一種利用夢境狀態的高階金剛乘修法，爲那洛六法之一（參見「那洛六法」）。

認出 Recognition（藏文 ngo shes, ngo phrod）。本文中的意思是「識得自心本性」。

頗瓦 Phowa（藏文）。有不同種類的頗瓦修持。法身頗瓦與報身頗瓦的最高果報爲全然證悟。本文主要指的是化身頗瓦以及遷識頗瓦。化身頗瓦稱爲「行者修持的頗瓦」，而遷識頗瓦爲睡夢瑜伽與明光瑜伽的進階修持，在死亡時將神識拋射到善趣或是再次投生。

遮障 Obscurations。覆蓋而障蔽佛性的遮障或染污，其有兩種，亦即煩惱障（參見「五毒」或「煩惱」）與潛在的習氣，後者有時稱爲二元概念或所知障。煩惱障使眾生無法脫離輪迴，所知障則讓眾生無法獲得能了悟實相的正確知見。

【十五劃】

儀軌 Sadhana（藏文 drup tap），成就法本。密續修持的儀式與程序，通常強調生起次第。

輪迴 Samsara（藏文 kor wa）。凡夫受制於因緣的存在狀態，因爲仍具有貪、瞋、癡而於其中受苦。輪迴的相對面即是涅槃。由於貪、瞋、癡所驅動的業力，使人被迫而取不淨的蘊體，轉存有之輪，直到解脫。

【十六劃】

噶當巴 Kadampa（藏文）。西藏的主要教派之一，由阿底峽尊者（西元九九三年至一〇五四年）所創。

噶瑪巴 Karmapa。此名稱的意思爲佛行事業〔者〕。噶瑪巴爲佛教中噶舉派的領導，首開上師轉世之例。噶瑪巴被視爲觀世音菩薩的化身。

噶瑪噶舉 Karma Kagyu（藏文）。藏傳佛教中噶舉傳承的八個教派之一，由尊勝的噶瑪巴所領導。

噶舉 Kagyu（藏文）。噶（ka）的意思是口語，舉（gyu）的意思是傳承。噶舉意爲口語傳承。也是藏傳佛教的四個主要教派之一。噶舉傳承係由馬爾巴在西藏所建立，而由尊勝的噶瑪巴所領導。其他三個主要的教派爲寧瑪派、薩迦派，以及格魯派。

壇城 Mandala（藏文 chil kor），中圍，曼陀羅。字面意義爲「中央與周圍」，但內容依脈絡而有不同。在各種金剛乘修持所使用的圖像中，通常包括一位中央本尊以及四個方向。

龍 Naga（藏文 lu）。水中之靈，可能現身爲蛇的樣貌。經常守護地底的寶藏，包括法本文典或實體寶物。

龍樹菩薩 Nagarjuna（藏文 ludrup）。印度哲學大師。中觀教派的創始者，《中觀根本慧論》（*Mula-prajna*）及其他重要著作的作者（西元二世紀至三世紀）。

【十七劃】

聲聞 Shravaka。對應阿羅漢之果位。透過聽聞佛陀教法以及獲得無我、四聖諦之洞見，尋求並獲得自我的解脫。聲聞為佛陀的語弟子。

薈供 Ganacakra（藏文 tog kyi kor lo）。供養的盛宴儀式，屬於修持的一部分。

斷見 Nihilism（藏文 chad lta）。字面意思是「中斷之見地」。空無的邊見：認為既無轉世也無業果，死後沒有心識的存在。

【十八劃】

斷除 Chöd（藏文）。發音為「倔」（chö），字面意義為「斷除」，指的是用來斷除一切我執與染污的修持。嫫倔（mo chod，女性的 chöd）修持係由著名的女性成就者瑪姬・拉準（Machig Labdron，西元一〇三一至一一二九年）所創立。

薩拉哈 Saraha（約為西元九世紀）。印度八十四位大成就者之一，以大手印道歌而聞名。

轉心四思量 Four reminders。四種共的加行，包括人身難得、死亡無常、業果不虛，以及輪迴過患。轉心四思量能改變心念、趨向佛法。

離戲 Simplicity（藏文 spros ral）。⑴對於事物的自性，不再製造內心想法或概念形塑。⑵大手印修持的第二階段。

【十九劃】

證悟 Enlightenment（梵文 bodhi，藏文 jang chub）依據佛陀教法，一切有神論或神秘經驗，只要承許該經驗者或執取該經驗爲實，無論是多麼細微的層次，則仍然不出於輪迴的範疇。佛法的經驗準則（法印）包括諸行無常、有漏皆苦、諸法無我，以及涅槃寂靜。

小乘將證悟定義爲無明與煩惱的止息，因而脫離輪迴中不自主的投生。而證果分為四個層次，亦即入流果、一來果、不還果，以及阿羅漢果。就大乘而言，小乘涅槃乃為中繼站，有如佛陀為了鼓勵行者而在沙漠中創造出的海市蜃樓。證悟所需的不只是止息無明，還要有應對眾生迷惑的悲心與方便。阿羅漢尚未開展悲心，因此並未獲致全然的證悟。

就金剛乘而言，小乘與大乘的成就是必要的，但它們仍包括教條。男女瑜伽士必須與世間建立完整的夥伴關係，體驗更深入揭露自我根本的覺受。就獲致最終佛果而言，金剛乘教導了四乘或六乘。

涅槃一詞，當提到證悟時，其意思最為正面；當提到止息這類有限的目標時，涅槃則有限制或貶抑的意味。

【二十劃】

蘊 Skandha（藏文 pung pa）。字面意思是「堆」。當覺察到對境時，感知會經過五種基本的轉化模式，亦即色、受、想、行、識。第一蘊是色，涵蓋所有聲音、氣味等，通常被認為是心之外的一切。第二蘊與第三蘊是感受

（愉快和不愉快等）及其辨別。第四個是心意的活動，包括第二蘊和第三蘊。第五蘊是一般的識，例如根識與意識。

覺受與了悟 Experience and realization（藏文 nyam togs）。用以描述修道的進程與洞見。「覺受」意指短暫的禪修體驗，而「了悟」意指對事物自性的不變理解。

釋迦牟尼佛 Buddha Shakyamuni（藏文 shakya tubpa）。通常稱爲喬達摩佛，爲此劫的第四尊佛，生卒於西元前五六三年至四八三年間。

釋論 Shastra（藏文 tan chö）。佛陀教法分爲佛陀的教言（經），以及他人對佛陀教言的解釋（釋論）。〔中譯註：這是一般的分類，但應以其所宣說內容爲修持自心的禪定或形而上學的智慧來分別其爲《經》或《論》；若所談爲持戒，則屬《律》。〕

【二十一劃】

灌頂 Abhisheka（藏文 wang）。賦予力量或授權修持金剛乘的教法，是趨入密乘修持不可或缺的入門。弟子亦應領受修持的講解（藏文 tri）以及法本的口傳（藏文 lung，舊譯為「過嚨」）。

灌頂 Empowerment（藏文 wang，梵文 abhiseka）。授予力量或授權修持金剛乘的教法，是修行密法不可或缺的入門。必須自具格上師處領受灌頂，方可進行金剛乘的修持；行者亦應領受修持的講解（藏文 tri）與口傳（藏文 lung，過嚨）。

續部大手印 Tantra Mahamudra（藏文 sngags kyi phyag chen）。同密咒大手印。大手印的修持與那洛六法有關。

護法 Dharma protector（梵文 dharmapala，藏文 cho kyong）。佛、菩薩或有大力的凡夫，其主要任務爲遣除所有違緣，並賜予修行清淨正法所需的一切必要條件。

魔羅 Mara（藏文 du）。意即修行者所遇到的困難，藏文詞彙的意思是重或厚。在佛教中，魔羅象徵令人沖昏頭的欲念，以及在證悟道上阻礙生起善根和進展的一切事物。魔羅有四種：蘊魔，對於自身的邪見；煩惱魔，被負面情緒所驅使；死魔，意指死亡，會妨礙修行；天魔，沉溺於禪修之樂。

【二十五劃】

觀，毘婆舍那 Vipashyana meditation（藏文 lha tong）。梵文意思是「內觀的禪修」。此禪修能開展對於眞實自性（實相）的洞見。禪修主要有兩方面，此爲其一，另一爲奢摩他。

觀世音菩薩 Avalokiteshvara（藏文 Chenrezig）。體現諸佛慈悲的菩薩。常被描繪爲雙手合掌而持有滿願寶，爲八大菩薩之一。觀世音菩薩的咒語「嗡嘛呢唄咪吽」被認爲是咒中之王。

引用書目

《成就一切之歌》（*The All-Accomplishing Melody*），欽哲仁波切（Khyentse Rinpoche）所著，此祈願文於本書英文版中爲首次呈現的英譯版本。

《文殊眞實名經》（*Chanting the Names of Manjushri*）（梵文 Manjushri Nama Sangiti），艾力克斯·韋曼（Alex Wayman）英譯，西元一九八五年由香巴拉出版社於波士頓發行。這一部文典大概是所有藏傳佛法教派中最受人崇敬與最多人持誦的密續法本。

《那洛巴的生平與教法》（*The Life and Teachings of Naropa*），赫伯特·冠瑟（Herbert Guenther）英譯，西元一九六三年由牛津大學出版於倫敦發行。另有邱陽·創巴仁波切所著的《幻相之戲》（*Illusion's Game, The Life and Teachings of Naropa*），西元一九九四年由香巴拉出版社於波士頓發行。

《馬爾巴譯師傳》（*The Life of Marpa the Translator*），那爛陀翻譯學會英譯，西元一九八六年由香巴拉出版社於波士頓發行。

《密勒日巴傳》（*The Life of Milarepa*），羅桑．喇龍巴（Lobsang Lhalungpa）英譯，西元一九七九年由格拉那達（Granada）出版社於倫敦發行。

《智慧之雨》（*The Rain of Wisdom*），那爛陀翻譯學會英譯，西元一九八〇年由香巴拉出版社於波士頓發行。

《薩拉哈道歌集》（*The Spiritual Songs of Saraha*），愛德華．孔則（Edward Conze）英譯，收錄於《歷史上的佛教文典》（*Buddhist Texts Through the Ages*），西元一九五四年由布魯諾．卡賽爾（Bruno Cassierer）出版社於牛津發行。

禪修中心資訊

有關台灣噶瑪噶舉禪修中心的資訊，請從「法王噶瑪巴中文官網」的「噶舉傳承」分類下，搜尋「傳承中心通訊錄」的「台灣中心」即可獲得。

（http://www.kagyuoffice.org.tw/kagyu-lineage/kagyu-dharma-center-contact-lists/kagyu-taiwan）

爲吉祥上師、學者、成就者創古仁波切所寫之長壽祈請文

「無死甘露童子力」

禮讚無量壽佛尊

嗡 思瓦斯地 吉 文 度

恆堅不壞離戲正法身，
那達樂聲無摧金剛語，
善見一切諸法證悟意，
成就一切賢善勝導師。

禮讚創古仁波切

正法深空彩雲新現宮，

祈願師尊長久住世間。
為增眾福而顯歡慶宴，
祈願師尊長久住世間。

學識無垢盛開妙蓮花，
大慈悲心盈滿諸論典，
才能無邊滿足求解眾，
祈願眾生導師壽長久。

說法開解無明錯亂結，
辯才擊退放肆異端者，
撰述內涵令眾心狂喜，
願大力真語尊壽長久。

無量善德珍寶海中現，
皎潔明月智慧淨壇城，
功業威光四射甘露流，
願善語教獅子壽長久。

迴向

由於攪動乳海善意行，
白蓮華鬘願詞得化現，
獻予諸佛菩薩所生德，
願怙主壽饒益歷百劫。
藉由無量壽佛真諦力，
真誠清淨意樂善緣力，

願吉祥師壽固至有盡，
願此四力圓滿昌榮盛。
（法、財、受用、自在）

此篇爲第十七世大寶法王鄔金・欽列・多傑爲尊貴的堪千創古仁波切所寫的長壽祈請文，由涅囊寺的負責人策旺・札西喇嘛獻上佛陀身、語、意所依物而請，於薩嘎達瓦的上弦日所寫。

善哉
願其成為善德之根

橡樹林文化 ❖❖ 善知識系列 ❖❖ 書目

JB0001	狂喜之後	傑克．康菲爾德◎著	380 元
JB0002	抉擇未來	達賴喇嘛◎著	250 元
JB0003	佛性的遊戲	舒亞．達斯喇嘛◎著	300 元
JB0004	東方大日	邱陽．創巴仁波切◎著	300 元
JB0005	幸福的修煉	達賴喇嘛◎著	230 元
JB0006	與生命相約	一行禪師◎著	240 元
JB0007	森林中的法語	阿姜查◎著	320 元
JB0008	重讀釋迦牟尼	陳兵◎著	320 元
JB0009	你可以不生氣	一行禪師◎著	230 元
JB0010	禪修地圖	達賴喇嘛◎著	280 元
JB0011	你可以不怕死	一行禪師◎著	250 元
JB0012	平靜的第一堂課——觀呼吸	德寶法師 ◎著	260 元
JB0013X	正念的奇蹟	一行禪師◎著	220 元
JB0014X	觀照的奇蹟	一行禪師◎著	220 元
JB0015	阿姜查的禪修世界——戒	阿姜查◎著	220 元
JB0016	阿姜查的禪修世界——定	阿姜查◎著	250 元
JB0017	阿姜查的禪修世界——慧	阿姜查◎著	230 元
JB0018X	遠離四種執著	究給．企千仁波切◎著	280 元
JB0019X	禪者的初心	鈴木俊隆◎著	220 元
JB0020X	心的導引	薩姜．米龐仁波切◎著	240 元
JB0021X	佛陀的聖弟子傳 1	向智長老◎著	240 元
JB0022	佛陀的聖弟了傳 2	向智長老◎著	200 元
JB0023	佛陀的聖弟子傳 3	向智長老◎著	200 元
JB0024	佛陀的聖弟子傳 4	向智長老◎著	260 元
JB0025	正念的四個練習	喜戒禪師◎著	260 元
JB0026	遇見藥師佛	堪千創古仁波切◎著	270 元
JB0027	見佛殺佛	一行禪師◎著	220 元
JB0028	無常	阿姜查◎著	220 元
JB0029	覺悟勇士	邱陽．創巴仁波切◎著	230 元
JB0030	正念之道	向智長老◎著	280 元

JB0031	師父——與阿姜查共處的歲月	保羅・布里特◎著	260 元
JB0032	統御你的世界	薩姜・米龐仁波切◎著	240 元
JB0033	親近釋迦牟尼佛	髻智比丘◎著	430 元
JB0034	藏傳佛教的第一堂課	卡盧仁波切◎著	300 元
JB0035	拙火之樂	圖敦・耶喜喇嘛◎著	280 元
JB0036	心與科學的交會	亞瑟・札炯克◎著	330 元
JB0037	你可以，愛	一行禪師◎著	220 元
JB0038	專注力	B・艾倫・華勒士◎著	250 元
JB0039X	輪迴的故事	堪欽慈誠羅珠◎著	270 元
JB0040	成佛的藍圖	堪千創古仁波切◎著	270 元
JB0041	事情並非總是如此	鈴木俊隆禪師◎著	240 元
JB0042	祈禱的力量	一行禪師◎著	250 元
JB0043	培養慈悲心	圖丹・卻准◎著	320 元
JB0044	當光亮照破黑暗	達賴喇嘛◎著	300 元
JB0045	覺照在當下	優婆夷　紀・那那蓉◎著	300 元
JB0046	大手印暨觀音儀軌修法	卡盧仁波切◎著	340 元
JB0047X	蔣貢康楚閉關手冊	蔣貢康楚羅卓泰耶◎著	260 元
JB0048	開始學習禪修	凱薩琳・麥唐諾◎著	300 元
JB0049	我可以這樣改變人生	堪布慈囊仁波切◎著	250 元
JB0050	不生氣的生活	W. 伐札梅諦◎著	250 元
JB0051	智慧明光：《心經》	堪布慈囊仁波切◎著	250 元
JB0052	一心走路	一行禪師◎著	280 元
JB0054	觀世音菩薩妙明教示	堪布慈囊仁波切◎著	350 元
JB0055	世界心精華寶	貝瑪仁增仁波切◎著	280 元
JB0056	到達心靈的彼岸	堪千・阿貝仁波切◎著	220 元
JB0057	慈心禪	慈濟瓦法師◎著	230 元
JB0058	慈悲與智見	達賴喇嘛◎著	320 元
JB0059	親愛的喇嘛梭巴	喇嘛梭巴仁波切◎著	320 元
JB0060	轉心	蔣康祖古仁波切◎著	260 元
JB0061	遇見上師之後	詹杜固仁波切◎著	320 元
JB0062	白話《菩提道次第廣論》	宗喀巴大師◎著	500 元
JB0063	離死之心	竹慶本樂仁波切◎著	400 元
JB0064	生命真正的力量	一行禪師◎著	280 元

JB0065	夢瑜伽與自然光的修習	南開諾布仁波切◎著	280 元
JB0066	實證佛教導論	呂真觀◎著	500 元
JB0067	最勇敢的女性菩薩——綠度母	堪布慈囊仁波切◎著	350 元
JB0068	建設淨土——《阿彌陀經》禪解	一行禪師◎著	240 元
JB0069	接觸大地—與佛陀的親密對話	一行禪師◎著	220 元
JB0070	安住於清淨自性中	達賴喇嘛◎著	480 元
JB0071/72	菩薩行的祕密【上下冊】	佛子希瓦拉◎著	799 元
JB0073	穿越六道輪迴之旅	德洛達娃多瑪◎著	280 元
JB0074	突破修道上的唯物	邱陽．創巴仁波切◎著	320 元
JB0075	生死的幻覺	白瑪格桑仁波切◎著	380 元
JB0076	如何修觀音	堪布慈囊仁波切◎著	260 元
JB0077	死亡的藝術	波卡仁波切◎著	250 元
JB0078	見之道	根松仁波切◎著	330 元
JB0079	彩虹丹青	祖古．烏金仁波切◎著	340 元
JB0080	我的極樂大願	卓千拉貢仁波切◎著	260 元
JB0081	再捻佛語妙花	祖古．烏金仁波切◎著	250 元
JB0082	進入禪定的第一堂課	德寶法師◎著	300 元
JB0083	藏傳密續的真相	圖敦．耶喜喇嘛◎著	300 元
JB0084	鮮活的覺性	堪千創古仁波切◎著	350 元
JB0085	本智光照	遍智　吉美林巴◎著	380 元
JB0086	普賢王如來祈願文	竹慶本樂仁波切◎著	320 元
JB0087	禪林風雨	果煜法師◎著	360 元
JB0088	不依執修之佛果	敦珠林巴◎著	320 元
JB0089	本智光照—功德寶藏論　密宗分講記	遍智　吉美林巴◎著	340 元
JB0090	三主要道論	堪布慈囊仁波切◎講解	280 元
JB0091	千手千眼觀音齋戒—紐涅的修持法	汪遷仁波切◎著	400 元
JB0092	回到家，我看見真心	一行禪師◎著	220 元
JB0093	愛對了	一行禪師◎著	260 元
JB0094	追求幸福的開始：薩迦法王教你如何修行	尊勝的薩迦法王◎著	300 元
JB0095	次第花開	希阿榮博堪布◎著	350 元
JB0096	楞嚴貫心	果煜法師◎著	380 元
JB0097	心安了，路就開了： 讓《佛說四十二章經》成為你人生的指引	釋悟因◎著	320 元

JB0098	修行不入迷宮	札丘傑仁波切◎著	320 元
JB0099	看自己的心，比看電影精彩	圖敦．耶喜喇嘛◎著	280 元
JB0100	自性光明——法界寶庫論	大遍智　龍欽巴尊者◎著	480 元
JB0101	穿透《心經》：原來，你以為的只是假象	柳道成法師◎著	380 元
JB0102	直顯心之奧秘：大圓滿無二性的殊勝口訣	祖古貝瑪．里沙仁波切◎著	500 元
JB0103	一行禪師講《金剛經》	一行禪師◎著	320 元
JB0104	金錢與權力能帶給你甚麼？ 一行禪師談生命真正的快樂	一行禪師◎著	300 元
JB0105	一行禪師談正念工作的奇蹟	一行禪師◎著	280 元
JB0106	大圓滿如幻休息論	大遍智　龍欽巴尊者◎著	320 元
JB0107	覺悟者的臨終贈言：《定日百法》	帕當巴桑傑大師◎著 堪布慈囊仁波切◎講述	300 元
JB0108	放過自己：揭開我執的騙局，找回心的自在	圖敦．耶喜喇嘛◎著	280 元
JB0109	快樂來自心	喇嘛梭巴仁波切◎著	280 元
JB0110	正覺之道．佛子行廣釋	根讓仁波切◎著	550 元

橡樹林文化 ❖❖ 成就者傳紀系列 ❖❖ 書目

JS0001	惹瓊巴傳	堪千創古仁波切◎著	260 元
JS0002	曼達拉娃佛母傳	喇嘛卻南、桑傑．康卓◎英譯	350 元
JS0003	伊喜．措嘉佛母傳	嘉華．蔣秋、南開．寧波◎伏藏書錄	400 元
JS0004	無畏金剛智光：怙主敦珠仁波切的生平與傳奇	堪布才旺．董嘉仁波切◎著	400 元
JS0005	珍稀寶庫——薩迦總巴創派宗師貢嘎南嘉傳	嘉敦．強秋旺嘉◎著	350 元
JS0006	帝洛巴傳	堪千創古仁波切◎著	260 元
JS0007	南懷瑾的最後 100 天	王國平◎著	380 元
JS0008	偉大的不丹傳奇．五大伏藏王之一 貝瑪林巴之生平與伏藏教法	貝瑪林巴◎取藏	450 元
JS0011	噶舉三祖師：岡波巴傳	堪千創古仁波切◎著	280 元

成就者傳記 JS0009

噶舉三祖師：馬爾巴傳——
三赴印度求取法教，建立西藏噶舉傳承的大譯師
A Spiritual Biography of Marpa, the Translator

作　　者／堪千創古仁波切
譯　　者／普賢法譯小組
責任編輯／劉昱伶
封面設計／兩棵酸梅
內頁排版／歐陽碧智、兩棵酸梅
業　　務／顏宏紋
印　　刷／中原造像股份有限公司

發 行 人／何飛鵬
事業群總經理／謝至平
總 編 輯／張嘉芳
出　　版／橡樹林文化
城邦文化事業股份有限公司
115台北市南港區昆陽街16號4樓
電話：(02)2500-0888 傳真：(02)2500-1951
協力出版／創古文化 Thrangu Dharmakara
發　　行／英屬蓋曼群島商家庭傳媒股份有限公司城邦分公司
115台北市南港區昆陽街16號8樓
客服服務專線：(02)25007718；25007719
24小時傳真專線：(02)25001990；25001991
服務時間：週一至週五上午09:30～12:00；下午13:30～17:00
劃撥帳號：19863813 戶名：書虫股份有限公司
讀者服務信箱：service@readingclub.com.tw
香港發行所／城邦（香港）出版集團有限公司
香港九龍土瓜灣土瓜灣道86號順聯工業大廈6樓A室
電話：(852)25086231 傳真：(852)25789337
Email：hkcite@biznetvigator.com
馬新發行所／城邦(馬新)出版集團【Cité (M) Sdn.Bhd. (458372 U)】
41, Jalan Radin Anum, Bandar Baru Seri Petaling,
57000 Kuala Lumpur, Malaysia.
電話：(603) 90563833 傳真：(603) 90576622
Email：services@cite.my

初版一刷／2016年10月
初版四刷／2024年 6 月
I S B N ／978-986-5613-29-7
定　　價／300元

國家圖書館出版品預行編目(CIP)資料

噶舉三祖師：馬爾巴傳——三赴印度求取法教，
建立西藏噶舉傳承的大譯師 / 堪千創古仁波切
著 ; 普賢法譯小組譯. -- 初版. -- 臺北市 :
橡樹林文化, 城邦文化出版 : 家庭傳媒城邦分
公司發行, 2016.10
　面；　公分. -- (成就者傳記 ; JS0009)
譯自 : A Spiritual Biography of Marpa the Translator
ISBN 978-986-5613-29-7(平裝)

1.馬爾巴 2.佛教傳記 3.藏傳佛教

226.96639　　105017461

城邦讀書花園
www.cite.com.tw

廣　告　回　函
北區郵政管理局登記證
北 台 字 第 10158 號

郵資已付　免貼郵票

115 台北市南港區昆陽街 16 號 4 樓

城邦文化事業股份有限公司

橡樹林出版事業部　收

請沿虛線剪下對折裝訂寄回，謝謝！

|橡|樹|林|

書名：噶舉三祖師：馬爾巴傳　書號：JS0009

橡樹林文化

讀者回函卡

感謝您對橡樹林出版社之支持，請將您的建議提供給我們參考與改進；請別忘了給我們一些鼓勵，我們會更加努力，出版好書與您結緣。

姓名：＿＿＿＿＿＿＿＿ □女 □男 生日：西元＿＿＿＿年

Email：＿＿＿＿＿＿＿＿＿＿＿＿＿＿＿＿

●您從何處知道此書？

□書店 □書訊 □書評 □報紙 □廣播 □網路 □廣告 DM □親友介紹

□橡樹林電子報 □其他＿＿＿＿＿＿

●您以何種方式購買本書？

□誠品書店 □誠品網路書店 □金石堂書店 □金石堂網路書店

□博客來網路書店 □其他＿＿＿＿＿＿

●您希望我們未來出版哪一種主題的書？（可複選）

□佛法生活應用 □教理 □實修法門介紹 □大師開示 □大師傳紀

□佛教圖解百科 □其他＿＿＿＿＿＿

●您對本書的建議：

＿＿＿＿＿＿＿＿＿＿＿＿＿＿＿＿

＿＿＿＿＿＿＿＿＿＿＿＿＿＿＿＿

＿＿＿＿＿＿＿＿＿＿＿＿＿＿＿＿

＿＿＿＿＿＿＿＿＿＿＿＿＿＿＿＿

＿＿＿＿＿＿＿＿＿＿＿＿＿＿＿＿

我已經完全瞭解左述內容，並同意本人資料依上述範圍內使用。

＿＿＿＿＿＿＿＿＿＿（簽名）

處理佛書的方式

佛書內含佛陀的法教，能令我們免於投生惡道，並且爲我們指出解脫之道。因此，我們應當對佛書恭敬，不將它放置於地上、座位或是走道上，也不應跨過。搬運佛書時，要妥善地包好、保護好。放置佛書時，應放在乾淨的高處，與其他一般的物品區分開來。

若是需要處理掉不用的佛書，就必須小心謹慎地將它們燒掉，而不是丟棄在垃圾堆當中。焚燒佛書前，最好先唸一段祈願文或是咒語，例如嗡（OM）、啊（AH）、吽（HUNG），然後觀想被焚燒的佛書中的文字融入「啊」字，接著「啊」字融入你自身，之後才開始焚燒。

這些處理方式也同樣適用於佛教藝術品，以及其他宗教教法的文字記錄與藝術品。

ཡི་གེ་ཉི་ཤུ་རྩ་དྲུག་པ་འདི་དཔེ་ཆའི་ནང་དུ་བཞག་ན་དཔེ་ཆ་དེ་ཅི་འདྲར་
བགོམས་ཀྱང་ཉེས་པ་མི་འབྱུང་བར་འཇམ་དཔལ་རྩ་རྒྱུད་ལས་གསུངས་སོ། །

此咒置經書中　可滅誤跨之罪